WAPENBOECK

OU

 ARMORIAL

DE 1334 A 1372

CONTENANT

LES NOMS ET ARMES DES PRINCES CHRÉTIENS
ECCLÉSIASTIQUES ET SÉCULIERS SUIVIS DE LEURS FEUDATAIRES
SELON LA CONSTITUTION DE L'EUROPE
ET PARTICULIÈREMENT DE L'EMPIRE D'ALLEMAGNE
CONFORMÉMENT A L'ÉDIT DE 1356
APPELÉ LA BULLE D'OR

PRÉCÉDÉ DE POÉSIES HÉRALDIQUES

PAR

GELRE, HÉRAUT D'ARMES

PUBLIÉ POUR LA PREMIÈRE FOIS
PAR M. VICTOR BOUTON
PEINTRE HÉRALDIQUE ET PALÉOGRAPHE

II

ARMORIAL

*

PARIS
N.-V. BOUTON, ÉDITEUR
15, RUE DE MAUBEUGE

1885

NOTES DE LA PLANCHE I

1. — *La Couronne des Empereurs. Leur Juridiction.* — Nous disons qu'au couronnement de Henry de Luxembourg, selon la Chronique de Flandres, la Couronne, entre celle des autres Roys, était seule couverte par dessus. Cependant dans le manuscrit des Minnesinger, poètes du XIII° siècle, nous remarquons que l'Empereur Henry, assis et couronné, n'a pas de couronne fermée ; à côté de lui un heaume est surmonté d'une couronne royale qui n'est pas fermée non plus mais dont l'aigle du cimier a les deux pieds posés sur les deux trèfles du cercle et forme ainsi le contre-mont : Nous sommes donc porté à croire que l'Empereur Charles IV est le premier qui ait porté la couronne fermée.

Tout le monde connaît le recueil mss des MINNESENGER, un des trésors de notre Bibliothèque Nationale ou plutôt de l'ancienne Bibliothèque du Roi Louis XIV dont il porte le chiffre et les armes : « Cantilenae Veteres, Germanica lingua quarum aliae Laudes Imperatorum, Regum et aliquorum illustrium virorum enarrant... » Il s'ouvre par le Chant, l'Eloge, la Cantilène de l'Empereur Henri. Keiser Henrich, assis sur son trône, ayant en main dextre son sceptre d'or, et à côté son épée. Henry est vestu d'azur bordé d'or et son manteau est de pourpre.

La fonction de l'Empereur avons nous dit, était d'être l'Arbitre des Princes et des Cités dont il jurait de respecter les privilèges : « Les armes de l'Empire sont *des armes de juridiction*. Les Empereurs, encore qu'ils ne puissent rien aliéner, ne laissent pas de jouir de tous les droits des véritables seigneurs, faisant battre monnaie, ennoblissant, faisant rendre la justice etc. Ils ont souvent confisqué les biens à des Princes feudataires de l'Empire pour en investir d'autres, et leur pouvoir s'étend encore plus loin ; car non seulement ils érigent les terres en Baronies, en Comtés et en

Duchés ; mais ils peuvent establir des Rois, comme fit Othon III qui érigea la Duché de Pologne en Royaume en l'an 1001, et Henri IV qui fit de même pour la Bohême l'an 1086. Enfin il y a cette différence entre l'Empereur et les Electeurs, que l'Empire est un domaine de Juridiction qui dépend des Electeurs pour sa collation, mais après, l'Empereur est leur souverain ; et comme ces Electeurs ont deux titres, l'un de Seigneurs et l'autre d'Officiers, de l'Empire, ils ont aussi deux sortes d'armoiries, les uns de leurs domaines particuliers, les autres de leurs dignités ou des fonctions de leur charge » *Ménétrier*.

L'aigle qui a esté longtemps une des enseignes des Romains, et la devise de l'Empire, en est devenue l'Armoirie. — *Ménétrier*.

2. — *Le Marquis de Misnie*. — « La généalogie des Ducs de Saxe, à la planche XV, montre les Landgraves de Turinge et les Marquis de Misnie, de la maison de Saxe. — Le Margrave de Misnie est écrit dans les monumenta Boïca » : « Marchio Michsnensis et Lankravius Turingiæ. »

5. — *Moravie*. — Le sceau de Josse marquis de Brandebourg, marquis et sgr de Moravie portait *une aigle échiquetée* au bas de l'accord entre lui et le comte de St-Pol à Prague, le 12 avril 1397

8. — *Montferrat*. — A touz ceulx qui ces lettres verront. Théodores marquis de Montferrat salt. Sachent tuit que de mil florins de Florence que nre trèsch seigneur le Roy de France nous a donné chascun au tant come nous vivrons à prendre en son trésor à Par(is) à c'tain terme, no li avons fait homage et somes son homelige devant touz homes qui peuvent vivre et morir, excepté tant seulemt l'Eglise de Rome et l'Empereur de Rome confermé et approuvé pesiblemt par la dite Eglise de Rome... Et confessons que nous ne povons quitter, transporter et eschangier ne en quelconque aultre manière lessier ledit homage ainçois tout le cours de nre vie, en promettons estre et serons home lige par la manière ci-dessus devisée à nre dit seigr le Roy, ou si nous le seurvivons, à son successeur Roy de France après li. En tesmoing de laquel chose nous avos fait mettre nre seel en ces présentes lres. Donné a Thole le XXV jour de janv, mil ccc trente-une. — *Archives nat*.

10. — *Bade*. — Bernard Marquis de Bade ou en Bade, « sigillum Bernardi Marchionis Dei gracia in Baden » sceau appendu à une promesse

de servir le duc d'Orléans, moyennant une pension de 200 écus. Thionville 7 novembre 1402 : [Arch. Nat. k. 56 n° 6] écartelé 1-4 *Lion couronné du Palatinat du Rhin*, au 2 et 3 *losangé de Bavière* ; cimier lion couronné.

11. — *Neufbourg.* — A tous ceuls qui ces lres verront.. Louis de Nuefchastel salut et dilection Come très haut, très puissans et très excell¹ Prince Philippe par la grâce de Dieu Rois de France, me ait de sa pure largesce et libéralité doné et octroié trois cens livres de rente à tournois à penre par moi ou mes gens en son trésor à Paris durant ma vie chascun an. Et pour ce ci sois entrez en sa foi et homage : Savoir vous fais ie congnoiz et confesse en vérité par la teneur de ces lres que ie li ai juré et promi, foy, léauté et s'vice envers touz et contre touz que pevent vivre et mourir, et aussi à ses hoirs et successeurs et à ma très chère et très redoutée Dame Ma Dame la Royne de France vivant à présent tant come ie vivrai. Exceptez toutevoies Nobles et puissans persônes Monsgr Jehan de Chalon, Monsgr Loys de Savoie et le conte de Savoie ausquels je pourrai aidier et s[er]vir contre ledit seigneur se il les venoit assaillir en leurs t'res et pays, et non autrement. Mais se il vouloient venir contre le dit nre seignr le Roy en son Royame ou autre part pour autre cause que pour la leur p[ro]pre seul ou en copaignie dautres, en celui cas, je seroie avec le dit seignr et le s'viroie et aideroie encontre yceulz et chascun deulz, et contre touz autres et en touz cas, à tant de genz d'armes come je pourroie bonnemt amener et avoir selon ma puissance et mon estat. Lesquelles Gens darmes seront contêt et ne pourront plus demader que les gages et restours de chevaux acoustumez à paier du Roy et de ses p'decesseurs à ceulz de son Royaume qui le s[er]vent et ont s'vi en leurs guerres. Avec ce Je ai iuré créance et p'mis et promet par la teneur de ces lres et par ma foy et seremât sur ce prestez à non délaissier ledit fie et homage ne remicier y par nulle cause ou occasion quelle qlle soit des oremais durant ma vie, mais touz jours en tout mon vivant demourrai fermes et loyaulz audit seigneur, ses hoirs successeurs et à Ma dame La Royne sans délaissier le dit homage, et les servirai et aiderai de tout mon povoir loiaumêt et bn envers touz et contre touz. Exceptez les trois diz tant come je vivrai senz faintise. En tesmoing de ce je ai mis en ces lres mon ppre scel duquel ie use et ai usé. Ce fut fait à Amiens le XVIᵉ jour de septembre, l'an de grâce mil trois cens et trente et huit. — *Archives nat.* J. 624, n° 26.

12. — La maison de Dhaun, Daun, Daunia, Dhaunia, Dhuin, Dune, Dhun, est une des préfaces, un des prolégomènes de l'Empire. Pour bien comprendre cette position on doit dire qu'ils ne sont pas dans l'Empire mais que l'Empire est en eux. Jusqu'où voulez vous faire remonter, ou quand voulez-vous faire sortir leur généalogie enracinée dans le sol : Ce sont des chefs qui se sont plantés là à l'aurore des émigrations ou des invasions dès les premiers siècles de notre ère.

CORRECTIONS

Page 16 : ligne 11, après 1376, ajoutez [1378] ; — ligne 13 après 1346, ajoutez : [1348] ; — ligne 16, après Carenthie, ajoutez : elle mourut en 1352 ; il épousa en 3ᵉ lit, en 1353, Anne, fille du duc Henri de Schweidnitz qui. . ; — ligne 18 : Birgislaw ou Bogislaw ; — page 17 : à la dernière ligne, Mertsbourg ou Mersebourg ; — page 34 : ligne 5, après *l'aigle*, ajoutez *naissante* ; — page 47, entre la 5ᵉ et la 6ᵉ ligne, ajoutez : on retrouve ces armes dans le ms de Manesse, les Minnesinger, où l'on voit les *deux pals de gueules chargés de trois chevrons d'argent.*

NOTES DE LA PLANCHE II

L'ÉGLISE DE MAYENCE

S. Crescent disciple de S. Paul qui en parle dans ses Epitres, la 4e, arriva à Mayence 80 ans après la mort du Christ. Cressent, comme on peut le voir même dans Moreri, avait d'abord évangélisé les Galates d'Asie, c'est-à-dire des Celtes Gaulois qui lui donnèrent les moyens de traverser l'Europe par le chemin de toutes les peuplades pour venir à Vienne en Dauphiné ensuite à Mayence. *Gallia Christiana*, I. 791.

La position de Mayence en fesait déjà le centre d'un rayonnement au Sud vers la Gaule, à l'Est jusqu'aux monts Carpates ou Krapack, c'est-à-dire sur toutes les peuplades d'origine Franque ou Celte-gauloise. C'est pourquoi cet Evêché finit par comprendre sous sa direction spirituelle quatorze autres évêchés. Celui de Wurtzbourg qui dépend encore de lui au XIVe siècle, comme on le voit sur la planche II, ceux de Worms, de Spire, de Strasbourg, d'Eichtaed, de Prague et d'Olmutz, de Constance et de Coire, d'Augustanum et d'Hildesheim, de Paderborn et d'Halberstadt : Des 40 premiers Evêques de Mayence, plus de la moitié furent des Saints, fils de Princes ou de Ducs. Le 41e, St-Boniface, issu des Rois d'Angleterre fut martyr en 754, quand s'éteignirent les derniers Mérovingiens. Le 47e, Ottgard, est celui qui baptisa le roy Harold de Danemarsk avant 847 ; le 47e, Charles, duc d'Aquitaine, sorti de l'abbaye de Corbie, mort en 865 ; le 50e, Hattho, de la race royale, mort en 913 ;

Childepert, des ducs de Franconie, mort en 939 ; Frédéric, des ducs de Lothier, mort en 954 ; Willigise, le 57ᵉ, fils d'un charpentier, prit pour armes *la roue* qu'il laissa à ses successeurs ; Sigefroy, le 62ᵉ, baron d'Eppstein ; le 65ᵉ, Adalbert, duc de Lothier ou de Basse-Lorraine, mort en 1137 ; autre Adalbert, prince de Deux-Ponts, mort en 1140 ; le 70ᵉ, Conrad de Witelspack ; le 75ᵉ, le Wildgrave Gérard, mort en 1260 ; Wernher, comte de Falckenstein, mort en 1282 ; Mathias, comte de Buchek, sorti de l'abbaye de Murbach ; le 81ᵉ, le comte Henri de Wirnaberg, mort en 1353 ; et le 82ᵉ Gerlac, comte de Nassau, dont Gelre nous a laissé le portrait. Cherchez bien, scrutez leurs vies à tous ces ducs, à tous ces princes, vous trouverez des Sicambres, vous verrez des descendants de Mérovingiens. Et si quelquefois les papes ont voulu rompre les traditions de la race, en imposant au siège épiscopal des moines qui n'entraient pas dans les couvents sans être d'une naissance choisie, « plurimis majoribus et avis generis dignitate », et dont ils pouvaient mieux disposer dans des vues d'ambition ou pour abaisser quelque Prince hostile, qu'importe : le gouvernement de l'Etat, les officiers héréditaires proposés à la garde de l'Archevêché, étaient les Landgraves de Hesse, les Chevaliers de Heussenstein, les Comtes de Weldentz, les Bromser de Rudisheim, les Comtes de Spankeim, les Chevaliers de Cronberg, les Comtes de Stolberg, et autres vassaux de cette Eglise fondée par le divin Pierre, et commencée par le disciple du divin Paul, S. Crescent.

Le témoignage de la Gallia Christiana nous montrant comment le 1ᵉʳ Evêque de Mayence est venu d'Asie en Gaule, puis sur le Rhin, est en quelque sorte la confirmation de ce que nous avons rapporté des origines asiatiques ou japhétiques des peuples du Rhin.

Nous verrons dans notre Tome VIII, avec les Empereurs de Constantinople, de Bulgarie, de Trébisonde et Syrie ou de Babylone, avec le Prince de Galilée, le Duc d'Athènes, etc., se dérouler toute la race de Japhet *le Dilaté*, — mentionné par Hésiode qui pourtant n'avait lu aucun livre hébreu : Les enfants du *dilaté* ou de *la dilatation* se sont étendus depuis les sources du Gange jusqu'à Cadix et aujourd'hui encore les langues des deux pays ont des rapports marqués que les Juifs de l'Institut de France, (ils auront beau faire) ne pourront pas dénaturer.

Il était de mode, il y a une 5o aine d'années, quand on voulait parler des temps primitifs, de vous couper la parole en riant et vous dire : « Ah ! pardon ? N'allez pas remonter au déluge ! » Il est de mode aujourd'hui, depuis que des savants à la solde de la Revue Juive ont fait semblant d'aller sur les bords du Gange fabriquer aux environs de Cachemire des variantes au Zend Avesta pour nous démontrer que les Juifs ne descendent pas de Sem mais de Japhet, — et que l'histoire du monde est à refaire à leur usage, — de nous crier entre les dents : « Tiens ! vous ne savez donc pas que l'homme descend du Gorille et que nous avons 400 mille ans ! » Je réponds aujourd'hui, avec les fouilles de l'Europe entière, qu'avant les déluges d'Ogygès et de Deucalion que les grecs ont connus et qui ont laissé des traces dans la Russie méridionale il y eut une plus grande perturbation sur notre terre : qu'une étoile ou comète, ayant changé son mouvement s'approcha de notre globe, du côté de l'Euphrate et du Gange, souleva une partie des mers : c'est ce qu'on appele le déluge de Babylone. *Il lava les plaines de l'Europe* qui n'ont été repeuplées que lorsque les peuples Japhétiques furent chassés de l'Asie et vinrent en Occident. « Cette épouvantable marée, venue de la mer d'Asie avait couvert les deux Indes et poussant les flots à travers les vallées de l'Imaüs avait porté les corps des Eléphants et des Rhinocéros jusques aux zones glacées. » En 1742 on en trouvait encore en Sibérie. « Cette alluvion australe a porté en Europe les plantes et les poissons de l'Afrique, que nous trouvons empreints dans les schistes du Vicentin et de l'Auvergne. » Elle a peut être alors formé le Golfe Persique et la Mer Rouge de la même manière que s'est formée le Zuydersée. Berose représente cette inondation, comme venant du midi et laissant à Xisutrprus, Noë, le temps de s'embarquer et de gagner les montagnes de l'Arménie. Ce bouleversement date de 2297 ans avant J.-C. selon les Chinois ; 2230 selon les Juifs ; 1000 ans avant la 1ʳᵉ olympiade selon Varron, ce qui reviendrait à l'an 2370 avant J.-C. — A cette époque de 22 siècles avant notre ère, il y avait de grands peuples. Babylone était un centre : Elle comprenait les pays de Surie et d'Arabie, et nous verrons au Tome VIII de notre publication l'Empereur de Surie *qui n'est pas un sémite*, et qui est de la race de Japhet. — Près de l'Empire de Babylone était le Khusistan, le long du golfe persique, et la Bactriane, à l'est de l'Euphrate, de Babylone à la Mer Caspienne. C'est sur le Khusistan ou pays des Kuschites (Chus de la Genèse, le Justicier) qu'a régné Cham-Asbolos, ou l'Etincelant appelé Nimbrod par les hébreux, et par les chaldéens Bel ou le Seigneur Nimbrod, le chasseur, en hébreu, Tzit, au pluriel Tzitim, en persan se dit Tzitam ou Titam : les Titans étaient chasseurs, coureurs, et comme les Mèdes faisaient des courses à la manière des Kuschites, Nembrod était un Kuschite. Au dessus de ce peuple était l'Empire du Touran, dont les guerres avec la Médie remplissent les anciennes traditions Persannes. Sous le règne de Thamuras, les Scythes du Touran firent leur première invasion en Asie : l'Asie ne pouvant résister, une partie de la race Japhétique fut forcée d'émigrer vers l'occident, et trouva des contrées désertes et d'autres habitées par des nations faibles qu'elle s'assimila par la conquête : De là vient que toutes les langues de l'Europe ont de la ressemblance entre elles et avec les langues Japhétiques de l'Asie qui sont le Persan moderne et le Sanscrit. Voilà l'explication la plus succincte et la plus scientifique des origines des peuples Européens qui étaient encore debout au XIVe siècle et que le héraut Ghelre fait en quelque sorte défiler sous nos yeux. Je dois cette explication naturelle et vraie aux travaux d'un Prince Scythe, le comte Jean Potocki.

C'est évidemment avec intention que le héraut Ghelre a placé l'Archevêque de Mayence en tête des trois Princes Electeurs Ecclésiastiques

———

1. — *Mayence.* — Nous n'avons pas à Paris le sceau de Gerlach de Nassau, archevêque de Mayence. Celui de son prédécesseur, Henri de Virnenbourg, archevêque de Mayence, mort en 1352, est un fragment de sceau type épiscopal assis ; à droite l'écu de Mayence *à la roue*, à senestre un *écu de sept loⱬanges*, 4, 3. « Sigillum Henrici Dei gratia Sanctae Maguntineusis Ecclesie archiepiscopi, Sacri Imperii principis, Germanie archichancellarii. » Appendu à un traité d'alliance entre Philippe de Valois et l'archevêque de Mayence du 10 septembre 1341. — *Archives nat.* — Voyez n° 14 planche suivante.

2. — Universis pntes lras inspecturis Johannes comes de Nassove, miles, salt. 1352. L'hommage de Jean comte de Nassau au roy de France se trouve aux *Archives nationales*, à Paris. J. 622, n° 68.

3. — *Katzenellenbogen* — Un sceau de Evrard, comte de Katzenellenbogen, du 26 février 1299, porte son écu *au lion « bordé de grenetis*, dit Demay, *dans le champ et accompagné de rinceaux*, avec cette légende : « Eberhardi comitis de Katzin...ge. »

4. — *Nassau.* — Le sceau d'Adolphe comte de Nassau présente un écu portant *un lion sur champ billeté*, le heaume à lambrequins et pour cimier un lion passant entre 2 cornes : S' Adolp... is, *Sigillum Adolphis comitis*. au bas d'un hommage au roy de France, à Paris, le 7 juillet 1405. — Ce sceau se trouve aussi au bas de l'acte du Foy et hommage de son oncle l'archevêque de Mayence envers le Roy de France, Dni Karoli Dei gratia Francorum Regis, 1409, Nos Adolfus comes in Nassawe nepos Johannis archiepi Maguntin Dni nri... recognoscinus per presentes accède... — *Archives nationales*, J. 623. Ce sceau ressemble à notre n° 4 dont il semble être le modèle.—Celui de Jean de Nassau, archevêque de Mayence, est un sceau rond ; l'archevêque est debout, vu de face, à mi corps, tenant une croix de la main droite ; à dextre l'écu de Mayence, *la roue*,à senestre un écu au *lion rampant* de Nassau : .. gillum Johannis archiepisc... Maguntin..., appendu à un traité d'alliance entre l'archevêque de Mayence et Charles VI, roy de France, en 1409. — *Arch. nat.*

5. 10. — *Spanheim.* — Simon, comte de Sponheim, donna, le 10 décembre 1307, une quittance à Robert, comte de Flandre, et à Jean, comte de Namur. où son sceau équestre porte cet échiqueté sur son bouclier, sur la housse du cheval, et où son contre-sceau est aussi un écu échiqueté que nous reproduisons tous deux.

6. — *l'iborch.* — On peut lire Kiborch, car le V gothique a presque la forme d'un K usé par le temps.

7. — *Kyrberch.* — Le sceau du Comte Sauvage ou Silvestre, Ferri de Kirchberg, est un » heaume vu de face surmonté d'une sorte de mortier chargé de trois lions rampants, 2 et 1, et pour cimier trois touffes d'arbres : « S'Fdici cóitis Silvestris, Sigillum Friderici comitis Sylvestris, » Appendu

à un hommage au roy Jean, Paris, 16 août 1351. — Le sceau de son fils Gérard porte l'écu à trois lions, 2 et 1, mais pour brisure il est semé de croisettes, S' Grardi còitis Silvest' d' Kirb'g : Sigillum Gherardi comitis Silvestris de Kirberg, au bas du même acte. — *Douet Darq.* — Voici la pièce : « A tous ceuls qui ces présentes lettres verront ou orront. Nous Ferri, conte Sauvage de Kyereberg, et Je Gerars, ses fils, chevaliers salut Savoir faisons que p'mi quatre cens livr' de rente à vie que le Roy de France nre Seigneur nous donne chascun an sus son trésor à tenir de li en fye par tele manier que nous conte dess dit aurons les dtes quatre cens livr tout le cours de nre vie entièrement ; Et après ce Je, li diz Gerars les tendrai ; Et aussi parmi mil deniers d'or à l'escu qu'il a donné pour une foiz à nous conte dessus dit. Nous somes devenuz home lige dudit nre sire envers tous et contre touz homes qui pevent et pourront vivre et morir et li en avons fait foy et homage, les quiex nous li promettons tenir et garder tant come nous vivrons et le s'virons bien et loyaulment à dix heaumes et à dix cotes de fer de bones genz bien montez et en bon arroy en toutes ses guerres toutes fois qu'il le nous mandera tant come li plus de nous deux vivrons en nous donnant tiex gages come il donra aus autres genz d'armes qui le s'viront es guerres. Et avons conte dess. dit cent livr pour nre estat chascun mois que nous aurons le nombre de genz darmes dessus dit par le mandement du Roy notre dit seigneur. En tesmoingn de laquele chose nous avons mis nos seauls en ces lres : Donné à Paris, le XVIe jour d'aoust, l'an de grâce mil CCC cinquante et un. — *Archives nat.*, J. 625, 68 *bis*.

Le père dit *Nous*, le fils dit *Je*.

CORRECTIONS DE LA PLANCHE II

P. 54. — Après le second alinéa, ajoutez : Nassau de Spurckenburg portait *semé de billettes d'argent*.

P. 57. — Au lieu de *Jean comte de Nassau*, il faut : *Jean conte en Nassau* ou *à Nassau*, pour répondre à *zu* ; ce zu n'est pas du héraut Ghelre qui ne s'est jamais servi de cette particule.

P. 59, ligne 22. — Au lieu de conte Haynault, lisez conte de Haynault.

P. 66, ligne 26. — Au lieu de Huisen, lisez Hausen.

NOTES DE LA PLANCHE III

2. — *Cronberg*. — Cronberg est un Sicambre. Messire Rudolphe ou Raoul de Cronberg, oncle de Charles le Chauve, était Conseiller et Chancelier de France en 866, issu de la noble maison de Cronenberg et portoit *de gueules à la couronne d'or écartelé de vair, sur le tout de l'Empire*. Ce Rodolphe était le frère de Judith qui épousa Louis le Pieux, Empereur, fils de Charles Magne. Le père de Rodolphe et de Judith était Welpho I, duc de Norique, issu des comtes d'Altorf.

Nous avons une autre famille de Cronenborch à la planche x portant *une aigle de gueules*, feudataire de l'archevêché de Trèves. — Et dans un Armorial allemand du XVIIIᵉ siècle, les armes de Cromberg sont écartelées au 1 et 4 de Geroldseck qui est *d'or à la face de gueules*; au 2 et 3 *de gueules à la couronne d'or coupé du vair*; et sur le tout *d'argent à l'aigle de gueules* : réunissant ainsi sur sa tête et dans ses mains les armes et les fiefs de trois grands Dynastes du Rhin. C'est par erreur que quelques héraldistes disent que le *sur-le-tout* est à *l'Aigle de l'Empire* auquel ils donnent deux têtes : non, c'est l'aigle de Cronenberg ou Cronberg.

1. — *Garbenheim*. — Une composition étant survenue entre l'Eglise d'Aldenbourg et la paroisse de Dalheim, « hujus rei testes, ex parte ecclesie Richwinus prior, Frater Iwanus, Evervinus miles de Garbenheim et Henricus miles de Blasbach ; ex parte parrochie plebanus Everwinus, Damarus et Hildelinus milites 1226. — *Gudenus*.

8. — *Camerer*. — Dans notre Armorial ms de Suabe, du Palatinat et de Styrie, Camerer von Wormbs genant von Dalberg porte ces armes, *l'azur chargé*, dans l'écu et sur le cimier, *de six fleurs le lys d'argent*. — P. 215.

10. — *Oudenem*. — Dans notre Armorial de Styrie, de Souabe et du Palatinat, Udenhaimb porte aussi *d'azur à la bande d'or chargée de 4 chevrons de gueules*, le heaume d'or et pour cimier un roy more, chevelu et couronné d'or, non barbu, vestu d'azur à la bande d'or chargée seulement de trois chevrons visibles de gueules. — Nous trouvons encore, dans le même ms, Udenhaim, *d'azur à la bande d'or chargée de trois chevrons de gueules* et pour cimier un demi vol d'azur chargé de la bande de l'écu.

Dans l'édition de Siebmacker publiée par lui, à Nuremberg en 1630, nous trouvons à la planche 105, Odenheim ou Œdenheim *d'azur à la bande chevronnée d'or et de gueules*, et pour cimier un bust de Roy vestu d'azur couronné d'or. Et comme dans une autre édition de Siebmacker. Uttenheim, en Alsace (nous l'avons dit au bas de la page 98), porte *de sable à la bande d'or*, nous pensons que c'est la même famille, sous deux orthographes et deux prononciations différentes, ayant deux châteaux l'un dans les Deux-Ponts et l'autre dans Mayence.

11. — *Gersbosch*. — P. 103, lig. 25, ajoutez : VI, E. V. Oidtman, « Bollheim bei Zuelpich », p. 139.

Dans la Généalogie de Geisbuch, Jehan de Liebenstein est il celui qui porte *fascé d'argent et de sable de 4 pièces*, ou bien celui qui porte *d'or à 3 fusées de sable en bande*.

12 — *Brunegge*. — Littera Dni de Brunecke super venditione bonorum in Bachgaue ; 1272 : In nomine Domini, amen. Nos Godefridus nobilis de Brunecke, et Willeburgis natu Hohenloica uxor nostra. — *Gudenus*.

14. — *Virnebourg*. — Le sceau de Robert, comte de Virnenbourg, est aux *Archives Nationales*, à Paris, au bas d'un acte où l'archevêque élu de Cologne, promet foi et hommage à Philippe le Bel et dans lequel Robert. comte de Wirnenbourg, son frère, se porte garant de l'exécution de cette promesse ; 19 décembre 1305 ; *Les sept fusées*, 4, 3. Voyez le n° 1 de la planche précédente.

15. — *Vianen*. — Le sceau équestre de Godefroi, comte de Vianen, portait sur le bouclier, l'épaulière et la housse, *une fasce* ; le contre-sceau était aussi un écu *à la face :* au bas d'une promesse de 1284 et d'un acte de 1293. — En 1283, Marie, comtesse de Vianen, Dame de Grimberge et de Pervez, est représentée sur son sceau debout tenant à chaque main un écu, à dextre portant *une fasce et un sautoir brochant* à senestre *une fasce. seule ;* le contre-sceau est un écu portant *une fasce et un sautoir brochant.* On voit par les sceaux *à la face* que Vianen est Vianden : ce n'est point une erreur, c'est un changement d'ortographe par la prononciation.

AUTRES CORRECTIONS

P. 104, ligne 8. — Après *sept loxanges*, ajoutez *avec un kragen*, ou *collet* ou *lambel de 3 pendants*.

P. 105, lignes 13, 14 et 23. — L'aigle est du féminin en armoiries ; on doit dire *une demie-aigle coupée, becquée*, et plus bas *une aigleé ployée*.

PLANCHE III

1. — He van Ysenboirch. — Sire d'Ysenbourg.

Porte : *D'argent à deux faces de sable.* — Le heaume d'or, taré de profil, le volet découpé ou haché, armorié de l'écu, c'est-à-dire d'argent aux deux faces de sable, et pour cimier deux ailes de sable affrontées, semées de panelles ou feuilles de peuplier d'or, et issantes des côtés du volet.

Dans deux manuscrits de la Bibliothèque royale de Belgique, il est écrit Iseenberg et Ysenbourg, avec ces armes — Dans Grunenberg, pl. CXCII, le vol du cimier n'est pas semé de panelles d'or — Dans le même armorial, pl XC [b.], « Fry von Eissenburg-Rinfels » porte ces armes, mais le cimier n'est pas non plus semé de panelles. — Dans Spener, le cimier est semé de panelles — Dans les mss de Lorraine des hérauts Callot, ce sont les mêmes armes. — Dans le Siebmacher publié par Titan von Hefner, le cimier est semé de panelles. — Dans un ancien Siebmacher, Issenburg, *d'argent à deux faces de gueules, écartelé d'or au lieu d'argent, à deux faces de sable*, avec un double cimier aux écartelures : les quartiers sont intervertis et sont formés de Wede et d'Isenbourg au lieu d'Ysenburg et de Wede, quoique dans un ms de la fin du seizième sièle nous trouvons les huit quartiers de Salentin comte d'Ysenbourg 1567-1577, fils de Henri comte de Nieder Ysenbourg et d'Anastasie de Mœurs dont l'écu est *d'Ysenbourg écarté de Wied*. — Wede ou Wied est plus loin.

Les historiens et les généalogistes ne sont pas entièrement d'accord sur la première filiation des diverses branches de cette maison.

« Il y a eu plusieurs familles de ce nom deux entre autres, l'une établie

II   9bis

en Westphalie l'autre dans le comté de La Marck. Leur fortune a été si diverse et si bouleversée que les chartes manquent à toutes deux. »

Le comté d'Isenburg, disent les géographes, se divise en Haut et Bas Isenbourg. Le Haut comté d'Isenbourg, au Cercle du Haut Rhin, est situé entre le comté de Solms et celui de Hanau : Budingen est la résidence du Prince. Le Bas comté d'Isenbourg est dans le Westerwald et dépend du Cercle de Westphalie On y voit d'Isenbourg autrement Neu Isenbourg, bourg et beau château à 4 lieues de Coblentz : Il appartient au Prince de Wied. Il y a un autre Isenbourg, vieux château du comté de La Marck, en Westphalie, sur La Roër, tout près de l'Abbaye de Werden : On l'écrit quelquefois Isenberg. C'était la résidence du comte Frédéric d'Altena, de la maison de La Marck, dont les descendants prirent le nom de Limbourg.

Selon quelques généalogistes, le grand ancêtre des Isenburg, qu'il se nomme Renebold, Hesso ou Frédéric, possesseur à la fois du comté d'Isenburg en Westphalie et de celui d'Isenburg sur la Roër, serait l'auteur commun des princes actuels d'Ysenburg, des princes de Wied, et aussi des comtes de Limburg-Stirum, issus aussi d'Altena. — Nous ferons alors remarquer que dans les Tables de Grote, Henri Ier d'Isenbourg eut deux fils : 1° Henri II d'Isenbourg, 1213-1287, et 2° Gerlach IV qui prit le nom de Limbourg et fit branche. Or, d'après une autre chronique, c'est à la même époque que les enfants de Frédéric d'Isenburg prirent le nom de Limburg Nous verrons les comtes de Limbourg à la planche CXLI.

Le mystère de la généalogie d'Isenborch provient d'un événement que Crantzius Hamelman et autres n'ont pas caché On pense, disent-ils avec la Chronique de Saxe, et la Chronique des comtes de la Mark, les Chroniques de Cologne et d'Osnabruck, que Frédéric, comte d'Altena, de la maison de la Marck ayant eu des difficultés d'intérêt avec Engelbert de Marck, évêque de Cologne, son parent, le tua. Le successeur d'Engelbert voulant venger cette mort, tendit un piège à Frédéric et le supplicia avec une férocité de prêtre. Il fit en outre raser le château d'Isenbourg, poursuivit les enfants de Frédéric qui furent sauvés par leurs oncles, Théodore évêque de Munster, et Brunon prévôt d'Ornabruck et le comte de Schwallenbourg, 1227 : Ceux ci firent bâtir un autre château pour les fils de Frédéric qui prirent le nom de Limbourg. Cet événement n'a plus d'autre intérêt que l'histoire et nous n'avons pas de raison de le passer sous silence... Frede-ricum comitem, qui Coloniensem Praesulem Engelbertum de Monte, occidit dictum fuisse de Isenborch, vel alias de Limpurch. Lesannales de toutes les abbayes répétèrent à l'envi, « 1225 Fraudulenter a comite de Altena occisus est episcopus Coloniensis Engelbertus. *Annales Elwangenses* ». Il avait porté la main sur son parent... sur un prêtre !

On connaissait déjà la famille d'Isenburg en 1140, dit un vieux généalogiste flamand, par Hesso comte et sgr d'Isenburg qui ép. N. fille de Louis, c. d'Arnstein sgr de Lanstein, d'où Arnould év. d'Utrecht et — Jean, c et sgr d'Isenburg qui ép. Irmgarde de Catzenelebogen, d'où . *Frédéric* qui suit, *Anglebert et Bruno*, évêques d'Osnabruck, Dietrich év. de Munster et Lothaire prévôt de S Cunibert à Cologne.

Frédéric c. et sgr d'Isenburg fut père de — Dietrich, et ayeul de — Henry, c et sgr d'Isenburg qui ép [Marguerite] de Limburg, d'où 1. Gerlach, 2. Louis qui vient plus loin et fut sgr de Budingen, et 3 — Everard qui fut la branche de Nieder Isenburg, que d'autres font dériver de Gerlach. Cette branche s'éteignit en la personne d'Ernest comte d Isenburg et de Grensau, chevalier de la Toison d'Or, en 1664, n'ayant aucun hoir mâle de Caroline, princesse d'Aremberg, ni de Marie Anne de Hohenzollern.

Louis, second fils de Henry, comte et sgr d'Isenburg fit la branche d'Isenburg supérieur, dite de Budingen, épousa Helwige de Budingen vers 1302, dont il eut cinq fils : Henry, Louis, Guillaume, Frédéric et — Lothaire ou Luther qui épousa Isengarde de Munzenberg d'où : Henri qui suit ; et Philippe 1324-1361, sgr de Grensau, père d'Everard sgr de Grensau 1361-1399. — Henri I, c. d'Isenburg, sgr de Budingen 1332-1378, ép. Mechtilde de La Marck, d'où quatre enfants dont l'aîné — Henri II ép. Adélaïde de Nassau, d'où — Jean I qui épousa Sophie de Wertheim 1352-1395, d'où Jean II qui suit, et Agnès qui ép. Gerlach comte de Wiedt — Jean II épousa Marguerite de Catzenelebogen d'où — Dietrich d'Izenburg, premier comte de Budingen, qui ép Elisabeth de Solms d'où sept enfants dont l'aîné, — Louis, ct d'Isenburg et de Budingen, qui ép. Marie de Nassau, d'où — Philippe sgr de Kelsterbach qu'à suit, et Jean, sgr de Bistein qui vient après. — Philippe fut père de — Antoine mort en 1560 ayant épousé 1. Anne de Wied d'où trois enfants sans postérité, et 2. Catherine Gumpel dont trois filles et un fils exclus de la succession pour mésalliance. — Jean sgr de Bistein ou Birstein mort en 1533 épousa Anne comtesse de Schwartzburg dont cinq fils, l'aîné — Philippe comte d'Isenburg et de Budingen, sgr de Bistein, ép. Erhengarde de Solms d'où — Wolfgand-Ernest héritier universel de son père et de ses oncles épousa

1. Anna de Gleichen, d'où un fils Wolfgang-Henri qui suit ; 2. Julienne de Witgenstein d'où Jean-Ernest de Budingen qui vient après. — Wolfgang-Henri comte d'Isenburg et Budingen, sgr de Offenbach, mort en 1635, ép. Marie Madelène de Nassau : d'où Jean Louis qui suit, cinq autres fils et cinq filles — Jean Louis épousa Marie Julienne de Nassau, puis Louise de Nassau ; il eût pour fils — Jean Philippe, mort en 1718, ayant épousé Charlotte Amélie comtesse Palatine de Deux Ponts, d'où selon notre vieux mss Guillaume-Maurice, comte de Neubourg, qui épousa Anne Amélie d'Isenburg Budingen sa parente.

Mais l'Almanach de Gotha, la Table Généalogique de Grote et le Handbuch-Historisch présentent Guillaume-Maurice, non comme le fils, mais comme le frère de Jean-Philippe, mort sans postérité. Guillaume-Maurice I continua donc la branche de Birstein qui laissa deux fils : 1° Wolfgang-Ernest qui hérita aussi en 1718 d'Offenbach, obtint en 1743-4, de l'Empereur Charles VII la dignité de Prince de l'Empire pour lui et ses descendants, et mourut le 15 avril 1754, laissant pour fils aîné Guillaume-Emich, mort en 1741, père de Wolfgang Ernest, 1754-1803, père de Charles Ier, 1803-1820, père de Wolfgang-Ernest III, 1820-1866, et de Victor, mort en 1843, père de *Charles VII*, 1866, Chevalier de la Toison d'Or ; 2° Guillaume Maurice II, le puîné, mort en 1772, reçut Philippseich en apanage et fonda la ligne collatérale de ce nom ; son fils, Christian Charles, mort en 1779 fut père de Henry, mort en 1836, laissant *Georges*, père de *Ferdinand*.

Jean-Ernest, fils de Wolfgang-Ernest et de Julienne de Wittgenstein, comte d'Isenburg-Budingen, épousa Marie-Charlotte d'Erpach, d'où : 1° Jean-Casimir qui suit ; 2° Ferdinand Maximilien, comte d'Isenburg-Wachtersbach, qui vient après ; 3° George Albert, comte d'Isenburg-Meerholtz ; 4° Charles-Auguste, comte d'Isenburg Marienborn, qui épousa Anne-Belgique-Florentine de Solms Laubach, d'où Ernest-Charles et Elisabeth-Charlotte.

Jean Casimir, l'aîné ci dessus, comte d'Isenburg-Budingen, mort en 1693, eut de Sophie-Elisabeth IV, Philippe Ernest et Ernest-Casimir, 1749, qui épousa Christine Eléonore, comtesse de Stolberg-Guadern, d'où Louis Casimir, 1775, père de Ernest-Casimir II, mort en 1801, laissant pour successeur Ernest-Casimir III, Prince, *Furst*, en 1840, qui résigna en 1848 et mourut en 1852, dont le fils Ernest-Casimir IV, 1848-1861, fut père de *Bruno*, 1861.

Ferdinand-Maximilien, le puîné ci-dessus, auteur de la branche de Wachtersbach, mort en 1703, épousa Albertine-Marie, comtesse de Sayn-Wittgenstein-Berleburg, d'où entre autre, Ferdinand-Maximilien II, mort en 1755, père de Louis-Maximilien, mort en 1805, qui laissa deux fils, Louis-Maximilien, mort en 1821, et Adolphe, qui résigna en 1847 et mourut en 1859 père de *Ferdinand*, 1847 1865.

Grote dans sa Table Généalogique des comtes d'Isenburg, remonte à Rembold, qui vivait de 1092 à 1137, et eut trois fils qui firent trois branches : 1° Gerlach (au lieu de Hesso) qui fut comte de Limbourg ; 2° Rembold I qui fut d'Isembourg ; et 3° Siegfried qui épousa Justine de Kempenich et fut comte de Kempenich : nous trouvons sa race dans le béraut Gelre â la planche CXXXIV, n° 13, avec la chevalerie d'Orient.

L'aîné de ces trois grandes branches, Gerlach II de Limburg, 1130-1146, épousa la comtesse de Arnstein et en eut deux fils, Gerlach III, qui fit la branche de Covern, et Henri Ier, qui fit un premier rameau de Grensau. — Gerlach III, 1158 1217, qui épousa l'héritière de Covern, en eut Gerlach IV, 1189 1267, père de Henri II, 1235-1260, et Adélaïde, qui épousa le comte Frédéric de Nuremberg : cette première branche s'éteignit là.

Le puîné, Henri I de Grensau, 1179-1220, épousa Irmgard de Cleberg et eut deux fils, Henri II qui suit et Gerlach IV qui fit la branche de Limburg, 1239 1287, père de Jean I, 1282-1335, dont le fils, Gerlach V, 1313-1354, fut père de Gerlach VI qui vendit en 1414 Limburg à Trèves. — Henri II d'Isenburg Grensau, 1213-1287, eut deux fils : 1° Gerlach, auteur du rameau d'Arenfels, 1246 1303, dont le petit-fils, Gerlach III, 1319-1371, eut une fille, Elisabeth, qui épousa Guillaume I, de la branche d'Isenburg-Wied ; 2 Ludwig I, 1258 1302, qui prit le nom de Cleberg de son aïeule, épousa Heilwig de Budingen. Ils sont les auteurs des rameaux de Ronneburg, Birstein, Offenbach, Philippseich, Budingen, Wachtersbach, Meerholz, Marienbolz, et d'eux sont issus les Princes actuels d'Isenburg.

Le frère puîné de Gerlach II ci dessus, Rembold I d'Isenbourg, second fils de Rembold, l'ancêtre commun, selon Grote, vécut de 1137 à 1162 et fut père de Bruno I, comte de Braunderg, 1179-1197, épousa Théodora, l'héritière de Wied, et fut l'auteur de la branche de Wied, continuée par son fils aîné Bruno II, 1210-1255, et de la branche de Nieder-Isenburg par son fils puîné Dietrich I, 1218-1253.

La branche de Wied, qui figure à part sur la présente planche du héraut
Gelre au n° 13 ci-dessous, commence à Bruno II, 1210-1255, père de
Bruno III, 1250 1278, ayant pour fils Jean Ier, 1296-1324, père de
Bruno IV, 1305-1325, qui laissa pour successeur Guillaume I¹, 1326-
1382 : Guillaume épousa 1° Elisabeth d'Arenfels, fille de Gerlach de
Limbourg Isenburg ci-dessus ; 2° N. de Werneburg, héritière à moitié de
Wied, et fut père de Gerlach de Wied, 1376 1411, qui eut deux fils,
Guillaume II, 1402-1462, et Jean II, 1415 1454, père d'Anastasie, qui
épousa Dietrich ou Thierri IV de Runkel, dont le fils Frédéric, 1462, fut
l'héritier de Wied : D'où le lignage de Runkel-Wied (d'où sont issus les
Princes actuels de Wied).

Le second fils de Bruno I d'Isenburg Braunsberg fut Dietrich, 1218-
1253, qui fit la branche de Nieder Isenburg : son fils, Dietrich II, 1244-
1273, fut père de Salentin I, 1253-1300, dont le fils, Salentin II, 1325-
1334, eut pour fils : Salentin III, 1319-1355, père de Salentin IV, 1371-
1386, père de Salentin V, 1419-1458, qui épousa Adélaïde d'Isenburg-
Grensau, de la 1re branche, et en eut Gerlach I, 1443 1490, père de
Gerlach II, 1490 1502, qui eut deux fils, Gerlach III, auteur d'un
3me rameau du nom de Grensau, qui suit, et Salentin VI, 1502 1534, tige
du rameau de Neumagen, qui s'éteignit bientôt. Gerlach III, 1502 1530,
eut pour fils aîné Henrich, 1530-1552, qui eut trois fils, dont le puîné,
Salentin VII, 1577 1610, eut deux fils, Salentin VIII, 1610 1619, et Ernest,
en qui finit la branche en 1664

Au milieu de cette forêt de générations, quel est le chevalier que le
héraut Gelre a placé sur ses tablettes. Est ce Gerlach III, Philippe Ier ou
Henri de Budingen ?

Voici quelques extraits de Chartes Dans la première, Henri Burcgrave
d'Isenburc, chevalier de la Croix, doit être Henri Ier de Grensau, que
Grote place comme fils puîné de Gerlach I¹ de Limbourg, chef de la
première branche : — 1218 In nomine patris et filii et spiritus sancti.
Ego Henrius burcgravius de Isenburc crucisignatus et .. liberam habens
facultatem disponendarum rerum mearum eas ordino et dispono sub...
subscriptorum testium in hunc modum. Testes hujus rei sunt Lotharius
comes de Widhe, Henricus junior de Isenburc, Theodericus de Widhe,
Gevardus, Benno, Henricus de Nistere, Manegoldus de Widergis, Rude-
gerus de Sehtemdorf, Crafto de Hetensdorf, Henricus de Owerche . et
alii quam plures. » *Gunther*.

La seconde est un acte de réconciliation entre Philippe d'Isenburg et Boemond, archevêque de Trêves, en 1362 C'est sans doute Philippe II, fils d'Eberhard, d'un second rameau de Grensau qui figure dans la table de Grote sans postérité 1361-1439. Les arbitres de cet acte sont : « Conciliationis arbitri, Joannes Vesterburgi, Henricus Ronckelii Domini. Missi hujus fœderis vi in libertatem Udo et Theodericus Grensauvii milites Sifridi domini Grensanvii filii, qui in eodem bello à Cunone capti fuerant »

La 3ʳ et la 4ᵉ sont relatives à un 3ᵉ chevalier de la même branche d'Isenbourg-Limbourg, soit Gerlach III, l'aîné de la race, que Grote place de 1319 1371 ; soit Gerlach V, du rameau de Limbourg, vivant de 1313 à 1354 · — Lehen revers Gerlachs, herrn zu Isenburg, über seine sammtlichen Trierischen Lehen 1338 — Wir Gerlach herre zu Isemburg, dun kunt allen Luden, vnd bekennen vffenlich an disen genwertigen Brieven .. Zu dem ersten den kirchsat zu Heymbach by Romerstorf, vnd den Zehenden aldaselbes, vnd die vodye von demselben closter Romestorf. *Gunther*. — Kunt sy allen Luden dy dysen Brief an sy ent und horent leesin Dat wir Gerlach here zu Ysenburg vmbe Bede willen herren Dederichs hern zu V men vf der Ouernburg uns mans gez wyetum han vnd wyetumen zu meyclichen wytume vrauwe Elsen syne elich Wyf 1360. *Gunther*.

Ces deux dernières Chartes nous montrent « le sire d'Ysenbourg ». Nous croyons donc que c'est ce Gerlach que le héraut Gelre a inscrit sur son feuillet Nous ne pouvons nous prononcer cependant d'une manière absolue devant la Table de Grote. M. Grote, taille, rogne, démonte et redresse les générations les plus embrouillées mais c'est froid, : pas une femme, à peine une fille pour dire que la branche s'éteint ; pas d'explications, pas d'ornements ; le sang ne circule pas, la floraison ne s'aperçoit pas ; la grandeur ou la décadence, rien n'y fait. J'aime mieux les vieux généalogistes : les morts n'ont pas perdu la parole avec eux

Les comtes de Wied ou Wede que nous allons voir plus bas sont issus de Bruno d'Isenburg qui hérita de Wied par son mariage avec Théodora de Wied. Les Tables de Grote nous montrent : Matfried comte de (Alt) Wied vivant en 1093 1179 père de Burghard et d'Arnold, archevêque de Cologne. Burghard, 1144-1152 fut père de Dietrich 1158 1189, d'où : 1 Lothas, 1218-1243 ; 2. Dietrich, archevêque de Trêves ; 3. Théodora qui épousa Bruno d'Isenburg ; 4 et une autre fille qui épousa Gotfried d'Eppstein,

De Théodora et de Bruno sont issus : Bruno II, 1210 1255, qui prit le nom de Wied, et Dietrich, 1218-1253 qui fit la branche de Nieder-Isenburg.

Par Bruno II, Bruno III, Jean I, Bruno IV, Guillaume I, Gerlach et Jean II, l'héritage de Wied passa à Dietrich IV de Runkel par son mariage avec Anastasie, fille de Jean II, et leur fils Frédéric de Runkel en 1462 prit le nom de Wied, d où, nous le répétons, les derniers princes de Wied, qui sont les puînés d'isenbourg.

Gerlac d'Isenbourg, sgr d'Arenfels portait *l'aigle* des anciens Isenbourg Nous donnons son sceau équestre et son contre-sceau portant cette aigle en cimier, sur son bouclier et sur sa housse : *S' Gerlaci D Isemburch Dni ..envels ;* Cologne 26 mai 1287.

Voyez Limbourg à la planche CXLI.

Voyez aussi Fauquemont, pl. LXXX.

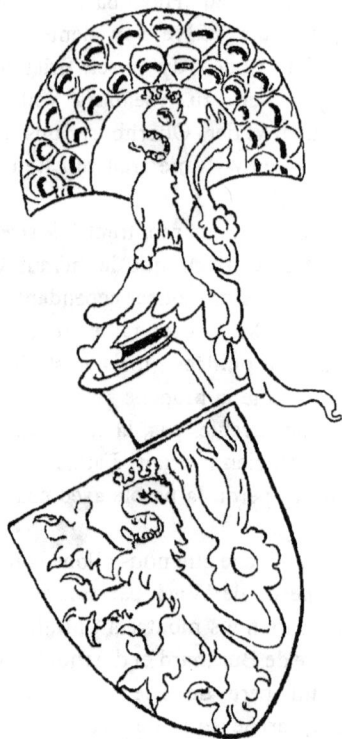

NOTES DE LA PLANCHE IV

2. — *Saarbruck*. — Jean de Saarbruck, sgr de Commercy et de Deux-Ponts(Saraponte), avait un sceau *équestre* qui est aux *Archives nationales*, au bas d'un acte où Jean reprend enfin du Roy de France la ville de Commercy ; octobre 1318. On y voit *le lion couronné brochant sur un semé de croisettes au pied fiché* ; « au lieu d'épée, la bannière armoriée d'un plein sous un chef » [!] et en légende . S' Joh[ann]is, D[omi]ni de Comarceyo et [comit]is de Sareponte. » — Le contre-sceau est aux mêmes armes, avec ces mots : « Sigillum secreti mei, janvier 1318 » — Le sceau du même Jean en 1355 porte les mêmes armes, et en cimier un vol. Nous avons fait graver ces sceaux, mais nous ferons remarquer que le champ n'est pas *fretté* comme l'a dit à tort Douet d'Arcq dont la langue héraldique est difficile à comprendre.

Jean, comte de Sarrebruck, conseiller général des aides, scella d'un écu *semé de croix recroisetées au pied fiché, au lion couronné brochant*, en cimier un vol. — *Coll. Clair*.

Les Généraux-conseillers sur les Aides ordenez pour la guerre, — au Receveur des diz Aides ès diocèse de Lion, Mascon et Chalon, salut. Pour acomplir le contenu es lettres du Roy nre sire, lesquelles nous vous envoions attach' à ces pntes sous l'un de nos signez, nous vo mandons, remoignons estroitement : Que à Monsgr le duc de Berry et d'Auvergne, conte de Poitiers, — nommé es dites lettres ou à son certain mand' vous paiez et délivrez de la some de XII frans dedenz contenue quatre mille frans aux termes et en la manière qui s'ens(uit) c'est assavoir dedenz la fin du mois de novembre prochain ben mil trois cens trente trois frans et un tiers de franc et semblable some dedenz la fin de chascun mois. Donné à Paris le XXVIe jour daoust l'an mil CCCLX douze.

Ici le sceau de Jean de Sarrebruck. — *Coll. Clair*.

Sachent tuit que nous Jehan, conte de Sabbruche, avons eu et reccu de Jehan Chauvel trésor' des guerres du Roy... gages de nous et des gens d'armes de nre compaignie dess'vis et à dess'vir en les pntes guerres de

Picardie... dix soulz tourn, desquelles Vᶜ XVIIˡ X s. t. nous nous tenons pour bn paiez. Donné à Verdun souz nre seel, l'an mil CCCLII Petit sceau tombé. — *Coll. Clair.*

Sachent tuit que nous Jehan, conte de Salebruche, avons eu et reccu des trésor' du Roy nre sire à Paris, par la main de Gautier Petit, changeur dudit trésorier, la somme de quatre cens et cinquante escus qui nous estoient deuz pour cause des despens que nous avons fait en alant de par nre dit seigr en message pour certain' causes par devers Lemperour en demour là et en revenant par devers nre dit Seigneur. Des quiex quatre cens et cinquante escus nous avons autrefois baillée quittance de trois cens escus à messire Adam de Meleun. Si en quittons encore le Roy (de France) nre dit Seigneur, les diz trésorˢ et changeur, et tous autres à qui quittance en doit appartenir. En tesmoing de ce nous avons mis nre scel à ces pntes lettres qui fur faites et données le VIIIᵉ jour de janv., l'an mil CCCLV. — *Idem.*

Sachent tint que nous Guille de Salebruche chler, confessons avoir eu et receu de Estienne Braque, trésorʳ des guerres du Roy nre sᵉ, la some de deux cens soixante douze livr tourn, en frans XX s. t. pièce, qui deuz nous estoient pour tout le demour à paier des gaiges de nous et des gens de nre compᵉ dess'vis es guerres du Roy nre dit Seignr, du premier jour de juillet CCCLXIX jusques au premier jour d'octobre en suivant. De laquelle some de IIᶜ LXXII l. t. nous nous tenons pour bn content et paiez. Donné à Paris soubz nre scel, le XXVIIᵉ jour de juing l'an mil CCCLX et dix. — *Idem.*

La montre monsgr Jehan, conte de Salebruche, III chevaliers bacheliers et XV escuiers de sa compaignie, receue à Troyes le XXIIIᵉ jour d'aoust, l'an mil CCCLII. — Le cheval (de) monsgr le comte morel le pyé dest derr blanc IIᶜ lt ; — Jehan Braydebac pour sa bannière, cheval tout blanc frant, IIIIˣˣ lt ; — Mons Baudemarc Dodebac, chlr., cheval blonc bay, IIII piez et le musel blanc, L tl ; — Monsgr Jehan de Bouc, chlr., cheval koan, III piez blans, L lt ; — Monsgr Jehan de Creux, cheval morel, narines fendues, le pié destre devant et le pié destre derr blanc, une tache blanche ou fronc, L lt ; — Jehan de Bazoille, escuier, ch lyart, musel noir, XXV lt ; — Hennequin de Baaile, ch bay, IIII jambes noires, narines fendues, XL lt ; — Symonnj Daviler, cheval brun bay, IIII piez bl., le musel blanc, narines fendues, XXV lt ; — Jehan Muel, cheval gris chenu, IIII jambes et le musel non labouré ès jarrez derr., XXV lt ; — Jehan de Morley, cheval bay, IIII jambes noires. XXX lt ; — Franque de

Wandelesam, cheval brun bay, labouré des II piez derr., le musel gris d'un costé, XXXV lt ; — Corrat de Lyeppeber, cheval bay fauve, IIII jambes et les crins noirs, XX lt ; — Jehan Wichart de Commarcy, cheval morel III piez bl(ans), une taiche blanche ou pyé senestre devant, le musel bl., XX lt ; — Vaupin Duguey, cheval morel labouré des IIII jambes, une taiche blanche ou musel, XX lt ; — Symonny de Creux, ch. lyart, laboré en la gorge, ou senestre costé, marque en la cuisse destre, XL lt ; — Savary de Belrain, ch. blonc bay, narines fendues, XXV lt ; — Hennequin de Creux, ch. bay blonc, narines fendues, une raye blanche en la teste, XX lt ; — Guill. de Demoinges, ch. brun gris, les II piez senestre blans, venon d'un œil destre, L lt. — *Coll. Clair.*

A tous ceulx qui ces lres verrt, — nous Jehan, conte de Sarebruche salut. Sachent tuit que ces lres p'mi lesquells ces noz pntes sont annex' sont scellées du scel de noble home Monsgr Henry de Flequestayn, chlr., car dudit scel avons nous bone cognoissance come il nous appt de p'mière face et le tesmoingnes est du dit chler en nre loyalté sans mal engin' en signe de verité, nous contes dess diz avons scellé ces pntes lres de nre secret signet en l'absence de nre grant scel qui fur⁺ faites et donn à Paris le XXVIIIᵉ jour de septembre l'an mil CCC cincqante et cincq. — J. 625.

Si furent mandé li dus de Lorraine, li contes de Salebruce, li contes de Namur, li contes de Savoie et messires Loïs de Savoie, son frère, le conte de Genève et tous les hauts barons, dont li rois [de France] devoit ou pensoit à estre servis. — *Froissart.*

La puissante maison de Linange, qui hérita de Sallebruce, s'est assise sur les marches du Trône de Lorraine, quand le duc Raoul, l'un des princes les plus illustres de cette maison de Lorraine, perdit la vie en 1346 en défendant la France, laissant la régence de ses Etats entre les mains de sa veuve, Marie de Blois, femme ambitieuse, habile et douée d'une grande énergie ; les embarras de la situation étaient tels qu'ils obligèrent bientôt Marie de Blois à se choisir un mari qui pût la seconder dans ses projets. Ce fut le comte Frédéric IV de Linange Dagsbourg, à qui la Noblesse de Lorraine donna le titre de Gouverneur du pays. — *Beaulieu*, p. 214.

Nos *Archives Nationales* contiennent des lettres scellées du sceau équestre aux 3 *aiglettes* par lesquellee Joffroys, conte de Linange, reçoit cent livr pour une fois et cent livr tant come il vivra pour lesquelles il est devenu à nous et à nre très ch fils Jehan, duc de Normandie, nre home et nous en a fait foy et hommage, 1337 — *J. 260, nᵒ 24.*

3. — *Neuwenar*. — Monsieur, Les Nuenaar portent *d'or à l'aigle éployée à deux têtes de sable, becquée et membrée de gueules*. Leur généalogie se trouve dans le Grand Atlas de Hopf (Historisch-Genealo-gischer Atlas, Gotha, 1858), que je vous recommande pour l'Allemagne. A la page 307, T. 1, il donne la généalogie des comtes d'Are, Hochstaden et Nuenaar, depuis Sigbodo vivant en 930 ; malheureusement il ne donne pas le nom des femmes ; ainsi il cite deux Gumbrecht, père et fils, sans dire lequel avait épousé une Limbourg : Jean II, 1333 7 ; Jean III von Rosberg, 1362 ; Jean IV, 1365 71 ; Gumprecht I, 1396-1405 ; Gum-precht II, mort en 1465, dont plusieurs fils. Hopf cite les auteurs qu'il a consultés, tous germaniques, sauf Butkens et Schannat. Veuillez agréer l'assurance de ma considération distinguée, *Cte de Limburg-Stirum*.

Gumpar de Nuewenar portait *une aigle* et en cimier un vol, dans son sceau appendu à un hommage au duc d'Orléans contre tous sauf contre le duc de Juliers son seigneur ; à Thionville, le 25 octobre 1402. — *Archives Nationales*.

4. — *La Marck*. — Sur le sceau d'Engelbert comte de La Marck qui est aux *Archives Nationales*, les armes de La Mark sont *d'or à la fasce eschiquetée d'argent et de gueules de trois tires ;* le heaume couronné et pour cimier deux *plumes ;* au bas d'un hommage au Roy de France pour une pension de 2000 livres tournois, à Paris, le 12 décembre 1378, ou le 27 août 1382.

Universitis pntes lras Inspecturis... Engelbertus comes de Marchia in Alemannia salutem : Noveritis... Illustrissimus Princeps Dns Karolus Dei gratia Rex François per suas patentes lras... Nobis duxit concedendum ut pensionis titulo, sumam Duaru milin librar turon, In et sup thesauro suo Parisien... Nos ex inde effecti sumus homo ligius ipius Dni Regis et successor' Suor' pro tempore financie Regum sibi que ob si homagiu perstitimus juravimus insup' et p[ro] missim eidem et dtis suis successorib a modo fidem et legalitatem tenere et servare ac obsequi adv'sus et contra omnes qui possunt vivere atque mori, Excellentissimo pncipe Dno Romanor' Imp'atore dumtaxat excepto. In cujus rei testimon pntes lras mei sigilli fecimus appensione muniri. Datum Paris(üs) XIIᵃ die decembris anno Dni millo trecentesimo septuagesimo octavo.

A tous ceulx qui ces lettres voiront, Hugues Aubriot, chevalier, Garde de la Prevosté de Paris, salut. Savoir faisons que par devant nous vindt en jugement, Arnoul de Couloigne, Henry de Ludenscheit et Aubert Gerart, lesquels affirmèrent pour vérité, et tesmoignèrent par leurs sermens et foy pour ce donn corporelment en nre main que les lettres parmi lesquelles ces pntes sont annex, estoient et sont scellées du ppre scel de noble et puissant seigneur monsgr Engelbert conte de la Marche en Alemaigne, duquel il use et a couptume à user. En tesmoing de ce nous avons mis à ces lres le scel de nre Prevosté de Paris le mercredi quinzième jour de décembre lan mil trois cens soixante dix et huit.

A tous ceuls qui ces lres veront, Nous Engelbert, conte de la Marche, en Almaingne, Salut ; Savoir faisons que come nous avons jà piéca fait s[er]ement de foy et de loyaulté et soions devenuz home linge du Roy Charles nre Sire den (dernièrement) trespassé, dont Dieux ait l'âme et avons promis par noz diz seremens et foy de luy servir contre tous qui pourront vivre et mourir, Excepté lempereur de Rome, tant seulement à luy et à tous ses successeurs, Et il soit ainsi que depuis et aps (après) sa mort, Ayons renouvelé nre s[er]ement et foy au Roy Charles, nre sire, qui a pnt est, nous voulans persévérer et avons toujours perseveré en nre p messe faite au Roy nre dit Seigneur dont Dieu ait l'ame, avons tousiours gardé et garderons nre loyaulté, Avons fait de nouvel s[er]ment au Roy nre Sire qui àpresent est, et luy p[ro]mis et jure et p[ro]mettons en bonne foy p. ces p[res]entes de servir luy et ses successeurs Roys de France, selon ce et p la manière q(ue) contenu est ès lres de homage par no' fait à nre dit seigneur desquelles la teneur est telle : « Charles par la grâce de Dieu Roy de France, A nos amez et feaulx tres[rs] à Paris, salut et dilection, savoir vo fais' q pour et à cause de la pension de deux mille livr tourn que nre t[rè]s cher et feal Engelbert conte de la Marche en Almaigne par octroy de nre très chier seign et pè(re), dont Dieux ait lame, conf[er]me p no pient sur nre t(ré)sor à Par(is) sa vie durant, ainsi que par lres de nre dit seign et père et par les n(ost)res puet appoir, le dit conte est devenu home - lige de no et nos success[ls] Roys de France, Et no et eulx s'vir encont tous ceulx qui pevent vivre et morir, excepté l'Empereur de Rome tant seulement. Si vo' mandons et a chascun de vo'si coe (comme) à luy appartiendra q à cause des diz homaiges et s[er]m[en]s non faiz vo' ne le molestiez et empeschiez, ne souffrez et empesche en sa dte pension en aucune maniè[re]. Donné à Par(is le XXVII[e] jour d'aoust l'an de grâce mil ccc quatre vins et deux, Et de nre Regne le second. » Ainsi signé, Par le Roy en son conseil ordene, P. Manhar. En tesmoing desquelles nous avons fait mettre nre scel secret à ces pntes Donné l'an de grace mil ccc quatre vins deux, le XXVIIe jou d'aoust. J. 626 n° 124.

7. — *Baquehem*. Dans le Tome III, p. 10 de Knesche, nous voyons que le marquis de Baquehem en Autriche, dont le cri de guerre est « Neufville ! Neufville ! » porte *d'or aux frettes de gueules*, et, *en franc canton, de sinople à la bande d'argent chargée de trois merlettes de gueules*; Arnoul V, war 1339 marcshall in Dienste Konigs Edward III von England.

« Beau signeur, puisque vous avés d'acord le duch de Braibant, c'est uns grans sires et sages et bien amés de tous ses voisins, je espoire que vous auerés assés legièrement le conte de Guerles, le marchis de Jullers, l'arcevesque de Coulongne, mesire Ernoul de Baquehen, le signeur de Fauquemont et tous les Alemans : il convient tretyer deviers euls. *Froissart*

A consel dou conte de Hainnau... li contes Renauls de Guerles, serourges au roy d'Engleterre, le marchis de Jullers pour li et pour l'arcevesque Wallerant de Coulongne son frère, messire Ernouls de Baquehen, li contes de Meurs, li sires de Fauquemont et pluisseur aultre chevalier de desus le Rin et fort ruste vinrent à Valenchiennes parler a euls (les signeurs d'Engleterre). *Froissart.* — Nous ne sommes pas bien sûr que Arnoul de Baquehem soit notre Bacchem parceque MM Kervyn et Knesche nous disent que Arnoul de Baquehem était fils d'Arnould de Baquehem et de Florence de Caudry et que les sires de Bacquehem étoient de la maison de Noefville en Artois, planche XXXV : qui, s'étoient fixés depuis longtems en Hainaut et s'étaient alliés à la maison de Vertaing. Les descendants de ces sires de Bacquehem, créés marquis en 1766, existent encore aujourd'hui en Belgique et en Allemagne et portent *des frettes. Kervyn.*

10. — *Rimberg, Reinberg*. — Tous ceux qui portent une face, les Reinberg comme les Géroltzeg, et les Creange, ont une origine commune de la Suisse à Cologne. Nous avons déjà fait la remarque que ces seigneurs, ces herr, ces sires étaient les dynastes qui se sont enracinés dans le sol de l'Alsace et qui remontent aux Mérovingiens. Les Reinberg et les Géroltzeck ont la même origine, comme leurs armoiries l'indique. Les uns rangent ces armoiries parmi les Bavaroises, d'autres parmi celles de Souabe, d'autres encore entre celles d'Alsace et de Suisse : C'est la même chose. L'Alsace ne fut pas toujours la petite Alsace qui va des monts des Vosges aux bords du Rhin ; elle comprenait les deux rives du Rhin. Rainberg, Reinberch, Rhynsberg sont trois orthographes diverses sous une même armoirie.

NOTES DE LA PLANCHE V

L'ÉGLISE DE COLOGNE

S. Materne, disciple du Prince des Apôtres S. Pierre, fut établi le 1er Evêque de Cologne, quand Euchaire s'arrêta à Mayence en l'an 67, de notre ère. Divers pasteurs lui succédèrent, dont la mémoire n'est pas restée, et dont la faiblesse laissa l'hérésie de Photin s'établir pendant un siècle ou deux. S. Severin fit cesser l'interrègne et ses successeurs choisis la plupart parmi les chanoines tous issus de Princes Francs, furent des pasteurs pacifiques. Le 20e, Hildebolde, couronna Louis le Pieux à Aix-la-Chapelle ; le 26e est S. Bruno illustre par sa science et ses mérites, mort en 934 ; le 33e, Hermann II, comte Palatin du Rhin ; le 37e, Hermann le Riche, fils du comte de Northeim, dont la sœur Riza épousa l'Empereur Lothaire ; le 39e, Bruno II, fils d'Adolphe comte d'Altena et de Mont, élu en 1152 ; Hugues, comte de Sponheim, élu en 1158 le 40e ; Arnold, comte de Gueldre, élu en 1160 ; le 44e, Reinold ou Renaud, comte de Dassele, qui brilla par son érudition et son épée, mort en 1181 ; le 47e, Adolphe comte d'Altena, qui couronna Otton IV ; Bruno IV, comte de Seyn, mort en 1208 ; le 50e Engelbert, des comtes de Mont, tué par son parent en 1225 ; Henri de Mœllenarck, vis dignus ; Conrad de Hoisteden, élu en 1232 ; le 53e, Engelbert de Walkenburg, mort en 1275 ; Sifrid de Westerburg, mort en 1298. Viennent ensuite ceux du XIVe siècle qui eurent tant à combattre pour donner àleur Eglise une suprématie qui s'étendit à toute l'Allemagne.

Cette série de grands Evêques qui portaient à la fois la croix et l'épée, luttèrent souvent contre la Commune ou Conseil de Ville défenseur de ses franchises commerciales, il est vrai, mais entaché trop souvent de juiverie.

1. — Les armes de l'Evêché de Cologne qui sont en tête de la planche V, ne portent, sur le mitan de la croix, le blason d'aucun archevêque, et cela nous indique que cette planche a été établie par le héraut Ghelre avant l'année 1370. C'est pourquoi nous avons indiqué à la page 154 ci-avant les divers archevêques de Cologne qui ont siégé au XIVe siècle. Nous n'avons pas, à Paris, les sceaux de Guillaume de Genappe, mais nous avons celui de Waleran de Juliers avec son *lion* et celui de Frédéric de Sarwerden avec son *aigle* à deux têtes. Mais Frédéric de Sarwerden n'a siégé qu'à partir de 1370 et se trouve plus particulièrement désigné à la planche CXVII où l'on voit au mitan de la croix les armes de Sarwerden.

Le sceau de Waleran, archevêque de Cologne, est un fragment : « S' Walerani Dei Gra[tia] sce [sancte] [per] Italia[m] archiconcellarii. » L'Evêque assis ayant à sa droite un écu *à la croix de Cologne*, à senestre un écu *au lion ;* sous le trône un lion couché. Appendu « un Traité d'Alliance du roi de France avec « Vallerans, par la grâce de Dieu, arce-vesque de Couloigne et du Saint Empire, archichancelier par Italie » et les comtés de Gueldres et de Juliers ; Senlis, mai 1332. — *Arch. nat.*

Le sceau de Frédéric de Sarwerden, archevêque de Cologne, n'est aussi qu'un fragment portant *une croix et en cœur un écu à l'aigle éployée*, appendu à un hommage de l'Archevêque au Roy de France moyennant une pension ; Paris 11 juillet 1378.

2. — *Les Rois Mages* — Ce Blason des Rois Mages nous donne l'occasion d'une remarque sur l'origine des armoiries orientales et des cimiers. On répète à l'envi que les armoiries ne remontent qu'aux tournois ou plutôt à Henri l'Oiseleur : Oui, si l'on considère les chartes et les monuments figurés qui sont venus presqu'à nous. Mais il est plus juste et plus exact de dire avec le *Journal des Savants* qu'elles existaient auparavant et que Henri l'Oiseleur ne fit que les étendre et les *renouveler*.

Il en est de même des cimiers. Protée, le Protée de la Fable était simplement un cavalier qui changeait tous les jours de cimier et qui portait en tête tantôt un meufle de lion, tantôt la tête d'un ours, celle d'un cheval, d'un dragon Plutarque a parlé des cornes de bouc que Pyrrhus portait en cimier. Stace dit des Parthes : « Ore ferarum rictuque horrificant galeas. » Polybe, Tite live, Tacite décrivent aussi des cimiers. Hérodote attribue aux Cariens la première invention des cimiers et dit que ceux de cette nation furent les premiers qui portèrent des aigrettes et des plumaches sur leurs casques, les premiers qui peignirent des figures sur leurs boucliers.

Parmi les races orientales, les Israélites n'ont jamais eu d'armoiries, ni de cimiers, je le dis sans plaisanterie ; les Tribus ont eu des chefs et des signes distinctifs pour se conduire et rien de plus. « Dans les pays habités par les Mahométans, comme il n'y a point de Noblesse, dit le Père Méné-trier, il n'y a point aussi d'armoiries » Aucun Empereur ne peut anoblir un Mahométan ou un Juif, tant qu'il n'est pas converti.

12. — *Van der Eren.* — Voir Fahne dans son volume Hovel.

CORRECTION

Page 162, ligne 13. — *Au lieu de* Magnier, *lisez* Maynier.

NOTES DE LA PLANCHE VI

3 — *Troyen*. — Remarquez sur cette planche VI ces *chevrons échiquetés* des Troyens, ce *sautoir échiqueté* de Heimbach, ces *faces échiquetées* de Dinshaven, que signifient ils ? Quelle peut-être leur origine ? Ne devons nous pas voir, et ne voyons-nous pas en effet de même que pour La Marck, ou La Marche, le souvenir d'une des fonctions les plus importantes des migrations de peuples et de tribus : Ce sont ceux qui dans leur installation ont été les ingénieurs, les « capitaines du génie », les chefs des équipes et des compagnies de charpentiers construisant les cités que nous appelons préhistoriques et batissaient avec symétrie, en face, en chevron ou en sautoir qui sont des termes de métier, toujours en usage dans un enchevêtrement de bois et de silex bétonné.

9. *Ruychrock*. — Le surnom « de la Werve » qui appartient aux Ruychrock est il identique à celui « de la Verre qui est aux Borsèle ? Ils ont tous les deux *une face*.

Les notes généalogiques ci dessus, pages 200 et 201, que nous avons empruntées aux généalogistes Hollandais, ont besoin d'une rectification.

Ruychrock est un nom primitif. La liste des nobles de Zélande, celle de van Leeuwen, comme celle de Boxhorn sont imparfaites ; elles n'en citent le nom qu'à partir de 1405 et cependant nous voyons dans Gelre de 1350 à 1370 Arnt, Arnon de Ruychrok, inconnu à ces généalogistes qui rattachent les Ruychrock aux Borssèle par Jean Ruychrok autorisé, en 1453 seulement, disent-ils, à joindre à son nom celui de van der Werre. Il y a là une confusion. Les chartes ont évidemment manqué aux généalogistes Hollandais. Ce n'est pas à 1453 qu'il faut remonter : Le Héraut Gelre, un siècle plus tôt, nous montre ici Ruychrok un des grands vassaux de Cologne, un Sire des premiers temps, un Dynaste portant *une face de sinople sur champ d'argent* ou par brisure *de sinople à la face d'argent* ; et plus loin, à la planche XCVII, nous voyons les sires de la Verre en tête de tous les Borssèle, porter *une face d'argent sur champ de sable*. Il est donc possible que les Borsèle soient sortis des Ruychrok et nous voyons qu'un Borsèle de 1350 à 71, a porté déjà le surnom de la Verre qui a pu revenir à la branche aînée des Ruychrok en 1453. Nous avons donc dans ces Ruychrok et ces Borssèle, une vieille race de Sicambres qui tous ont gardé dans leurs armoiries *une face*, une digue, qui a au moins deux mille ans, si ce n'est six mille ans.

Ruycrock n'a pas toujours porté *d'argent à la face de sinople*. Nous en avons une preuve dans les vitraux de l'Abbaye de Ste-Agnès qui existait à La Haye et dont nous avons acheté le fac-simile à une vente de Bruxelles : Philippe de Ruycrock portait *de sinople à la face d'argent* par changement d'émaux, *et un lambel d'azur ;* sa femme portait *party* au 1 de Ruycrock, *au 2 bandé de six pièces d'or et de gueules et un franc quartier canton de Brabant* — Une autre verrière portait les armes de Ruycrock sans le lambel, avecq sa femme.

Le héraut Gelre n'a pas seulement placé Ruychrok sur cette planche, il l'a inscrit *seul* sur la planche XIV d'une façon particulière sous le nom de Cop, portant *d'argent à la face de sinople* ; et comme cette famille est évidemment l'une des primitives, il replace de *nouveau* Cop au feuillet supplémentaire de Cologne sur la planche CXIX qui figurera dans notre Tome VII.

Nous trouvons les armes de Bylurch ou Ruybrock ou Cop, dans un Armorial de Souabe sous le nom de Hagenbach. Le dessin en est un peu moins beau, le volet simple est devenu une capeline à hachement qui nous montre la transition dans le costume ; et le cimier est resté deux cornes d'auroch *d'argent à la face de sinople.*

Le surnom de la branche de Ruychrock, van *der* Werve, s'écrit aussi van *de* Werve — Dans l'ouvrage généalogique de M. de Courcelles Tome X, Ruychroc van Werve porte *de sinople à la face d'argent*, alliance de Berchem.

Nous disons page 199, qu'un blasonneur donna les armes de Ruychrock au « comte de Clère ». Le comte de Clère un Amiénois en effet, comme nous le verrons à la pl. XXXV, 5, porte d'argent à *une face d'azur* : si quelques uns ont vu du *sinople*, c'est que la couleur *d'azur* à du s'être altérée.

CORRECTIONS

P. 192, ligne 6, au lieu de *fille*, il faut évidemment lire *fils* : C'est une faute commise par la paresse du typographe pour ne pas *remanier* la ligne qui est déjà trop blanchie.

P. 196, dernière ligne, au lieu de février, lisez janvier.

P. 198, ligne 4, après Anton Hubert, lisez Baron Raitz de Frentz ; ligne 26, au lieu de Solemorcher, lisez *ée* Sobmacher.

NOTES DE LA PLANCHE VII

La planche VII commence par Hammerstein. Nous la recommandons à l'attention des historiens et des archéologues qui s'occupent de nos origines et vont chercher dans les entrailles de la terre la trace des temps dits préhistoriques. Cherchez où était de Hammerstein. C'est une forteresse détruite que les vieux *docteurs* allemands avouaient « ne pas savoir où elle a existé. » Eh bien, la voilà sur le Rhin, vis-à-vis de Coblentz, auprès d'Andernach, *l'Antenacum* où Charles le Chauve se fit battre par son neveu, aux confins de l'Electorat de Trèves, non loin de Cologne, en plein pays des Sicambres et des Francs, là même où la tribu des Ubiens se défendait contre les Romains avec ses haches de pierre éclatée et ses marteaux de pierre polie ; c'est là qu'était Hammerstein : Son nom et ses armes ne font qu'un ; tout est parlant, le nom c'est *Hammer*, marteau et *Stein*, pierre, dont le héraut Ghelre nous a conservé la forme ensanglantée dans l'écu et sur le cimier.

———

3. — *Spiegel.* — La vieille orthographe française est : S.iegel, de gueules à trois *mirouers* d'argent cerclés d'or. Voyez le n° 12. — Nous possédons quelques généalogies allemandes du XVII⁸ siècle dans l'une desquelles, celle de Franciscus Wilhelmus Fridericus vom Schades, nous voyons Elisabeth von Spiegel zu Piederstein épouse Gaspar von Furstenberg de la maison particulière qui porte *d'or à deux faces de gueules.*

4. — *Hardefuyst.* — Très noble dame Marie - Ignace Hardevuyst épousa messire Remacle de Lamberty, chevalier seigneur de Ruddervelde, dont : — Messire François-Xavier Lamberty dit Lambertiny, gouverneur de la citadelle de Montercy, qui épousa Dame Constance Melis, baronne de Leffringe et de Laverre, dont — Dame Eve-Marie Firminia de Lamberty, dit Lambertini, qui épousa Philippe Albert, vicomte de Dam, sgr d'Aulmeries, col. comm. au Régt de Ligne. Dragon au service de S. M I R A.; comme on le voit aux quartiers de noblesse de Josephe de Dam, reçue chanoinesse de Ste-Waudru à Mons, la veille de S. Jean-Baptiste 1779. — *St-Genois.*

Au XVII⁸ siècle, P. Bru de Hardewst, escuier, sgr de la Laege, de Valle, avait sur son sceau un écu portant *deux bras en sautoir, coupé d'un bras armé d'une épée,* et en cimier sur son heaume un bras armé. Il est ci-contre.

Claire-Françoise de Hardevust, fille de Guillaume-Ignace et de Marie-Hyacinthe Zilof, épousa Pierre de Schynckel, XVII⁸ siècle ; figure dans les 16 quartiers de Edouard-Charles-Marie de Carnin, né à Bruges en 1790.

6. — *Haslang.* — Háslang, en Bavière, dit le P. Ménétrier, porte *party enté palissé d'or et de gueules.*— Notre ms. de Souabe offre un cimier du XV⁸ siècle : Haslinger porte *party palissé de gueules et d'or,* le heaume d'or, la capeline de gueules aux longs hachements d'or fourrés de gueules et pour cimier un haut bonnet pointu party comme l'écu et retroussé de gueules. — Les armes d'Haslang respirent évidemment la conquête l'envahissement, la défense ou l'attaque au moyen de palissades.

9. — *Chorys.* — Chorus, Chors est un mot oriental, chaldéen. Niez donc les origines !

7. — *Quattermaret.* — Jean Quatremars, de Cologne, chevalier. « S' Johis Quatrem... militis. » scellait *écartelé d'une bande et d'un vairé,*

au bas d'un hommage au roi de France pour une pension de 100 livres
parisis ; Paris, 23 août 1337. Le voici : — A touz ceuls qui ces pntes lres
verront ou orront . Jehans Quatremars de Couloigne, chlr, Salt Come
nre très chr très puissant et très redouté seignʳ monsʳ Ph[ilippe] par la
grace de Dieu Rois de France, nous ait donné et assigné de sa pure grace
et libéralité cent livres parisis de rente annuelle à pndre sur son trésor à
Paris aus t'mes accoustumez tant come nous vivrons et à tenir de li en fié
et homage, lequel nous li avons fait Et avecqs ce cinq cens flourins dor
appelez Royaulx en son Royaume, les quiex nous avons reccuz entièremt
et nous en tenons pour bien paiés. Savoir faisons par la teneur de ces pntes
lres, que nous avons accepté et acceptons agréablement les dons et graces
dessus diz et promettons à nre dit Seigneur par la foi de nre corps
corpelmt bailliée et par nre seront touchié et donné aux Sains Euvangilles,
de certain ppos et de certaine science sans aucune fraude, malice ou mal
engin s'vir bn et loialmt li et nre chr Seignⁱ son fils Duc de Normandie,
tout cest present an en leurs guerres en tel nombre de gens darmes come
nous pourrons bonemt po' tielx gages et restors de chevaux comee nre dit
Seignʳ donne et a accoutume à donner aus Gens darmes de nre estat en
ses guerres Et q de la fin du dit an en avant, no' s'virons nre dit Seignʳ,son
dit fils et tous ses successeurs, Rois de France, bn et loialmet en la manc
que le tenemt du dit fié le regniert et regira. Et q par nos diz foi et
s'emt (serment) nous ne poons ne ne pourrons a jour de nre vie rendre ne
quittier a nre dit Seignʳ ni a aucun de ses successeurs Rois de France le
dit homage nı delessier la dte rente po' qelconques autre don, gaaing ou
avantage qui dautre psonne quele q ce soit nous puisse estre ou avoir esté
fait. Aus quel choses faire tenir et accôplir no' p la foi et s[er]m[en]t
dessus diz : Obligeons par ces meismes nos lres, nous et tous nos
bns (biens) meubles et h'itages p'sens et avenir en la meilleure fourme et
obligation p'sonnelle et reele puet et doit estre faite sour qlconqs fourme
de parole q ce soit. En tesmoig des quelcs choses et po' ce q il aient
ppetuel f[er]meté nous avons miz limp[re]ssion de nre scel a ces pntes lres.
Donné à Par[is] le XXIIIᵉ jour d'aoust l'an de grace mil CCC trente et sept
— *Archiv. Nat.*

12. — Une généalogie ms du XVIIᵉ siècle de Wilhelm von Plettenberg
que nous possédons porte en 16 quartiers : Plettenberg; Nagel *d'argent à*
l'agrafe de gueules; de Schungel, *d'argent à la face abaissée de gueules*
soutenant un arbre de sinople; de Plettenberg von Berge, de Vogt ou

Voigt, *d'argent party d'azur* ; de Wettbergh, *d'argent au rencontre de gueules* ; de Plettenberg ; de Knippings, *d'or party de gueules à 3 anneaux de sable en pal sur le party* ; de Furstenberg, *d'or à deux faces de gueules* ; de Westphalen, *d'argent à la face de gueules surmontée d'un lambel de sable à 5 pendants* ; de Spiegel ; et de Spiegel portant tous deux *de gueules à trois mirouers d'argent cerclés d'or* ; de Kerpen, *d'argent à la vivre de gueules* ; de Schmiettberg, *de sable à la boucle en losange d'argent clouée de gueules ou de rubis* ; de Witz, *d'or coupé sous gueules* ; et de Béijer qui est *d'argent au lion de sable couronné d'or, écartelé de gueules au dextrochère tenant un anneau d'or*, et pour cimier un demilion de l'écu *(lampassé de gueules)* entre un vol d'argent.

Dans une généalogie du XVII° siècle ou les 16 quartiers de François-Guillaume-Frédéric de Schades, fils de Henning-Christian von Schade zum Grevinstein, nous montre que ce dernier avait épousé Anna-Margareta von Plettenberg, fille de Christian von Plettenberg et de Anna Vogt von Elspe : Christian était fils de Henrich von Plettenberg et de Margareta von Sipinger... ; Anna était fille de Bernard Voigt zu... et de F. da von Plettenberg. Ces Plettenberg portaient *d'or party d'azur*, et en cimier deux feuilles ou deux oreilles issantes d'une couronne comtale, et non plus deux belles ailes en aigrette : ce qui prouve que le blason a dégénéré depuis le XIV° siècle au point de vue de la Science et de l'Art.

8 — *Raetz.* — Voici encore quelques chevaliers qui se trouvent dans « Geschischte des geschleehts der Frecherm von Elverfeldt » : n° 1, Razo en 1021-36 ; — n° 84, Razzo en 1144 ; — n° 98, Hermann fils de Razo en 1151-59 ; n° 113, le même, sénateur ; — n° 173, Henri fils de Hermann Razo en 1178 ; — n° 456, Fredericus dictus Razo, miles, en 1295 ; — n° 471, les enfants de l'échevin de Cologne, Theodoricus Raitze : Rutger, chevalier, Ecgeltina, femme de Arnold d'Elverfeldt, en 1309. *D'Oidtman.*

6. — VA[N] ME STAVE. — DE ME STAVE.

Porte : *Party palissé d'argent et de gueules.*

Ce nom est méconnaissable On ne trouve nulle part Mestave ou Mestane. Il faut couper le mot en deux comme me-Stein ci avant, me-Stave, qui est vam Stave. — Vam Walde, dans la Chronique de Cologne, porte *palissé de sable et d'argent,* le heaume d'or et pour cimier deux têtes et cols de chimères adossées, la dextre de sable, la senestre d'argent, jetant toutes deux des flammes de gueules — Et vam Stave, dans la même Chronique. porte les émaux de Gelre, mais intervertis, c'est-à-dire *party crénelé ou palissé de gueules et d'argent,* et pour cimier deux cornes d'auroch, la dextre de gueules et la senestre d'argent.

Vam-Stave ou me-Stave, c'est un Hasslang, car Hasslang porte les armes de me-Stave, dont Spener appelle à tort la coupure *un vairé :* Ubi linea disterminatrix in figuram cymbalorum, quibus nonnumquam discoloribus scutum repleri solet, formater : Talis est parma famil. Haslang, en Bavière, cujus ita distinctæ *dextra pars auro fulget, sinistra rubet.* Palliot dit : *Palissé de gueules et d'or en fasce de six pièces.* — Frédéric von Hasslingen porte *le palissé de gueules et d'argent,* c'est-à dire les émaux intervertis, ce qui nous semble la brisure de Me-Stave ; ms 562. — Dans le ms 563 de Bruxelles, vom Wald, déjà cité, porte, comme dans la Chronique de Cologne, *de sable et d'argent* ; et vom Stale, *de gueules et d'argent;* en 1300, Henricus de Baculo, *de gueules et d'argent.* — Dans un ms de Munich, qui était à l'Exposition héraldique de Berlin, Hasling porte *d'argent et de gueules.*   Dans les Monumenta Boica, le palissé est figuré en *pointes arrondies.*

Bei vergleich zwischen Herzog Heinrich und Ludwig theidigen für den ersteren Ortlibus de Wald, Grimoldus de Preising et Raumoldus und für den letzteren : Heinricus de Preising, Wichnandus de Eirenspurch, Chunradus de Haslangen, 1226. — *Reg. Pris.*

Au bas d'une donation du Pfalzgraf Louis de Bavière: « Hujus rei testes sunt Chunrad decanus de Ebse, Meinhardus comes de Rotenekke, Albero de Prokkeberch, Chunradus de Uriuntsperch, Heinricus de Preising, C. et R. fratris de Haslanch et aliis quam plures ». 8 juin 1271. — 1326. Rudolf de Haslang, Alheid uxor, Otto Conrad de Haslang, Gebhard de Chemnoten, Heinricus de Aising, Tancwart de Aybling. — 1370. Ich Rudolf von Haslang, und ich Anna sein hausfraw, verrichen offenbar an disen Brief .. — *Mon. Boi.*

Bucelinus cite Hasslang parmi la Noblesse de Bavière. Il mentionne Haimeran de Haslang, qui épousa Anna de Lauttenbach, et eut une fille, Anna de Haslang, qui épousa Sciffrid, maréchal d'Oberndorff : ils sont aux 32 quartiers de Fraunberg.

Henri de Hasslang épousa Dorothée de Knoringen et en eut N. de Haslang : aux preuves de Schellenberg. — Rudolph le vieux de Haslang épousa Gertrude de Aheim, dont il eut Georg de Haslang, qui ép. Barbara de Rechberg, fille de Martin et d'Agathe, comtesse de Arch ; il en eut Rudolph. baron de Haslang, qui ép. Agnès de Wildenstein, fille d'Alexandre et d'Agnès de Welden, et en eut Anastasie, baronne de Haslang qui ép. Johann Caspar de Neunegk, et leurs enfants ont leur tableau généalogique de 16 quartiers dans *Hattstein*.

Dans le Poème Généalogique de Jean Holandt publié par Duellius :

> Dergleichen die van Wuldenstain,
> Die sicht man in des Torniers Trang,
> Dabey auch die vom Haslanng.

Aux planches, de Duellius, la figure porte : *Party palissé de gueules et d'argent*.

Haslang est une belle famille bavaroise qui tire son nom et son origine du château de Haslangreit, dans le district de Aïcha, près de Munich. Le château de Grosshausen, situé dans le même district, fut acheté à la famille de Sandizelle, par Rudolphe de Haslang, avec autorisation du duc Albrecht de Bavière. Les de Haslang ont retranché la terminaison *reit* comme beaucoup d'autres familles d'Allemagne et de Bavière avaient coutume de faire : Ainsi Stœr de Stœrstein, Zægner de Zægnerstein, Adelmann de Adelmansfelden, Stakel de Stakelleck. Ce château de Haslang, qui pendant un certain temps n'avait plus appartenu aux Haslangs, fut racheté pour 400 florins par Etienne Aslanger et son épouse Anne de Harskirchen. Ils sont aujourd'hui (1762) Grands Maîtres hérédi- taires de la Cour et Comtes Bavarois. Cette famille s'est considérablement agrandie par de bons mariages. *Linsinger*.

Nous voilà bien loin de Me-Stave, permettez moi d'y revenir : Es hatte auch noch andere Niederlastungen in Coln, unter audern, schon 1220 (Wolb) das haus zum *Stave* in der Rheingasse auf der Ecke der Klappergasse nach Malzbuchel hin, und furhte, wie die grafen Hasland in Bayern, einen mit 3 Pfahlen abwarts (im sogenaunten Eym belschnitt) getheilten Schild rechts roth links silber, auf dem helm zwei horner, eins roth des andere Silbern. p. 15.

7. — . . . . — LYSKIRCHEN.

Porte : *D'or à trois lambeaux ou lambels de* 5, 4, 3 *pièces, posés l'un sur l'autre, d'azur.*

Gelre n'a pas mis de nom sous ces armes parce qu'elles ont été portées par deux branches d'une même famille, Lyskirchen et Quattel-Maret,

Dans un ms de Bruxelles, 18026, c'est Quatter-Maret. — Dans un autre ms., Quattelmaret porte *d'or à trois lambeaux de sable* qui sont une brisure de Lyskirchen. — Dans Grunenberg, von Lyskirchen porte les armes inscrites par Gelre, *d'or à trois lambels d'azur l'un sur l'autre,* et pour cimier un demi griffon d'or entre un vol d'azur, pl CXCII — Voyez Sibmacher, V. 307 — De même aussi dans les notes d'un vieux héraut de la Gueldre, Quattel-Maret, porte *d'argent à trois lambeaux d'azur de* 5, 4, 3, *pièces.* — Dans un autre, Quattelmart, *d'or à trois lambeaux de sable,* comme Ouerstellye. — Dans un vieil armorial du XVI° siècle, Lyskirchen porte *les trois lambeaux à* 5, 4, 3 *pentes* et pour cimier un chien braque d'azur colleté d'or ; quelquefois le collier est d'argent. — Fahne se sert au lieu du mot *lambel,* d'un mot qui veut dire *col ae Tournoi*

Dans l'Histoire de Cologne et dans la liste des Bourguemestres de cette cité, outre Quattermart et Lyskirken, on rencontre aussi Overstoltz qui porte, comme autre brisure, *de gueules à trois lambels d'or à* 5, 4, 3 *pendants ;* — En 1385 Johannes Overstoltz porte *les trois lambels de sable* party de Hardefaust dont les armes sont ici n° 4 ; — et en 1391 un autre Johan Ouerstoltz in Wittzengraben, reprend *les trois lambels d'or ;* — En 1392 Hilger Quattermart, porte *d'or à trois lambels de sable ;* — En 1396, Goddert de Lyskirchen porte *les trois lambels d'azur.* — Dans l'Armorial des Renthmeister de Cologne, en 1348 Gotschalck Overstoltz, en 1355 Henry Overstoltz portent tous deux *de gueules aux trois lambels d'or ;* — en 1360, 1376, 1380, 1385, 1386, 1388, 1396, Constantin et Gobbel de Lyskirchen portent constamment *d'or aux trois lambels d'azur.* — En 1554 et en 1613 un autre Constantin, et en 1595 Johan de Lyskirchen continuent à porter les armes de leurs ancêtres. — *Voyez* Judaeus, Judde ou Guede pl. CXVIII.

La branche des Quattermarck porta *d'or aux trois lambeaux de sable,* dit aussi Fahne, et sur le heaume un cygne d'argent aux ailes noires ou de sable comme les lambeaux. Son origine est évidemment commune avec

Overstolz et Lyskirch. Leur nom vient de la position de leur hôtel ou maison forte situé près du marché dit Quatter, de là Quattermarck D'où est venu le nom du marché, je ne sais. Beaucoup de cours et de maisons à Cologne ont gardé leur nom : ainsi il y a la maison Quattermatt dans la rue du Rhin, à côté de la Chapelle ; la maison Quattermatt dans la rue de Strasbourg ; la nouvelle maison de Quattermatt de Sassenhoff et d'autres pour chacun des rameaux sans doute de cette famille. Il y en a sept : 1° de la rue du Rhin ; 2° du Marché au bois ; 3° de la rue de Strasbourg ; 4° de la maison Ducale ; 5° *de Stessen* ; 6° de Benesis ; et 7° de Lombard Toutes ont fourni de notables chevaliers surtout la 4° et la 5°. La lignée est si nombreuse que Fahne, qui en a dressé la généalogie, a rencontré des personnages de plusieurs branches qu'il n'a pu placer sûrement.

Ces trois *lambels* superposés ont occasionné des légendes et fait rêver les héraldistes qui ont vu trois *ponts* ou plutôt trois *passerelles* superposées en leur donnant une origine qui remonte aux romains. « Aeg. Gelen de Magn. Col. Agripp 1. 2. s 23, p. 177 et seq., ubi de familia Colonientium Overstolz, (quam à Romanis superbis vel Tarquiniis deducit, et in 4 lineas partitur, in quibus sunt Liskirchii seu à Lisolatiskirchen agit, eas ita eloquitur, *in aureo clypeo* 3 *fassiæ sapphirinæ pinnulis inferne asperatæ, suprema* 5, *media* 4, *infima tribus*. Fasciarum autem quadruplicem adfert interpretationem, aut enim ob agriculturae amorem *rastella* esse, quæ præ se ferant, (nam antiquo Romanorum tempore etiam triumphales viri rusticari non dedecori duxerunt) aut coronam muralem notari inversam, aut potiola quæ mutilis ex marmore suppositis instar pulpiti ante domos porrecti spectatorum acubationi serviant, aut in quod fere propendere eam sequentia capita conjecturam faciunt, *pontes* esse, quæ sublicis, fulcris et pilis costæ firmatæ que sint. » Il est probable pour ne pas dire certain qu'à la chûte de l'Empire Romain, les Chefs de cohortes s'établirent sur les Bords du Rhin en s'alliant aux familles des anciens chefs de tribus franques ou gauloises d'où les grandes familles rhenanes sont issues : les unes remontent aux Ursins comme les Eberstein, d'autres aux Tarquins comme les Lyskirchen et les Quatter-Maret : et comme marques de cette descendance, les uns voient des rateaux où des ponts dans les figures de leurs armoiries : c'est une grave question historique que nous soumettons à la critique historique, mais c'est un problème qui ne peut être certifié et résolu que par les armoiries. Pour nous, c'étaient les ingénieurs constructeurs de ponts pour passer les armées.

Nos domina Cristina. . relicta domini Johannis bone memorie advocati de Hunolstein, et nos, Johannes, filius ejus, advocatus de Hunolstein et burcravius in Berincastelnotum facimus universis presentes litteras inspecturis, quod de omnibus injuriis et dampnis a civibus Coloniensibus nobis quondam injuste illatis per scabinos et consilium, dominum Gerardum dictum comitem, dominum Constandinum de Lisckirche, cœteros que cives Colonienses est nobis plenarie satisfactum.. 1294.— *Stadt archiv, zu Koln.*

Lorsque en 1370, raconte Fahne, Edmond Birklin fut en lutte avec la Ville de Cologne, il cita cette dernière à la Justice de Paix Les parents d'Edmond, Constantin de Lyskirchen, le bourgmestre de la Ville, Gérard de Benesis et Gottschalk Birklin allèrent au tribunal et firent venir au rôle l'affaire de leur neveu. Le Tribunal accorda à Edmond l'autorisation d hypo-théquer les biens de la Vilie. C'est ce qui donna lieu à la révolte de la corporation des Tisserands dont la fortune égalait, si elle ne la passait pas, celle des familles Nobles.

Les Lyskirken, répète Fahne, ont la même origine que les Overstolz. Constantin, surnommé Crop, qui porta le premier le surnom de Lyskirche, parce qu'il s'était fixé près de l'église de Saint-Lysolphus, fut désigné Constantin « ante ecclesiam *Lysolphi* », d'où le nom *Lys* et *Kirch*, église. De même, dit encore Fahne, l'armoirie de Overstolz et de Lyskirche concordent dans les Chroniques : la figure de l'écu est la même, les couleurs seules diffèrent : les Lyrkirch portent *trois lambeaux d'azur en champ d'or*, le heaume couronné quelquefois et pour cimier un chien assis d'azur. On trouve en 1230 les enfants de feu Christian de Lisolskirchen : Jean, Mechtilde et Gottschalk ; et à la même époque les enfants de feu Constantin Crop et de sa femme Margaretha : Constantin, qui épouse Gertrude, etc ; — en 1289, Constantin Crop de Lyskircken et de sa femme défunte Gertrude, et leurs enfants, dont trois, Johannes, Hermann et Constantin ont été inhumés dans l'église de Ste Marie de Lysolphe et dont Fahne nous donne l'inscription.

Leur maison à Cologne s'appelait « Domum ad Draconem » ; elle existe encore « ex opposito ecclesie beate Marie Lisolphi sitam », située contre l'Eglise Ste-Marie de Lysolph. Elle fut acquise par la Ville en 1367. Les Lyskirck ont été longtemps bourgmestres de Cologne : La date de la mort du dernier est inconnue ; sa femme mourut en 1753; ses filles se firent nonnes.

Kettig de Bassenkeim épousa une Quatermark vers 1450. — *Humbracht*, 240.

Dans la Chronique de Cologne, on voit une réception de la Noblesse par l'Empereur d'Allemagne au XVᵉ siècle, c'est à dire au moment où cette Chronique fut écrite et imprimée : C'est un des incunables les plus rares et les plus précieux, selon Brunet. Dans le groupe des Nobles, figurés sur cette planche, les lambels superposés se coudoyent et on distingue les suivants dont les armes sont gravées quelques pages plus loin. avec des cimiers et des lambrequins : Ouerstoltze, qui porte *de gueules aux trois lambels superposés, le* 1er *de cinq, le* 2e *de quatre et le* 3e *de trois pendants d'or ;* cimier une double aîle adossée ou vol de gueules, chaque aile chargée des trois pièces de l'écu; — Lieskyrchin, qui porte *d'or aux trois lambels de Quattermart de sable*, et pour cimier un chien d'argent colleté et clariné d'or assis sur un bonnet de gueules retroussé d'azur ; — Quatermart, qui porte *d'or aux trois lambels de sable*, brisure, par changements d'émaux, et pour cimier un demi-cygne ou tête et col de cygne d'or entre deux aigrettes de plumes noires ou de sable. — Vam Ouerstoltz die men Nœmpt van Effrem, *d'argent aux trois lambels de sable superposés*, et pour cimier deux ailes d'argent chargées chacune des trois lambels ét issantes des deux côtés d'un bonnet de velours noir ou de sable retroussé d'argent.

8. — . . . . . . — CLEYNGEDANCK.

Porte : *De gueules à la fasce vivrée d'argent.*

Qui donc le héraut Gelre a-t il voulu plàcer ici ? Nous croyons que c'est Cleyngedanck, de la même *confrairie* et de la même origine que les précédents ; nous devons cependant ajouter que ces armes sont aussi celles des de Stessen qui, d'après un vieux héraut du XVIIᵉ siècle, porte aussi *de gueules à une fasce vivrée de 3 et de 2*, mais Stessen, qui est un Cleyngedanck, figure aussi, d'après Fahne, parmi les branches de Quat termart qui précèdent.

On lit dans le ms 563 de la Bibliothèque Royale de Bruxelles : « Herr Hilger von der Stessen, ein Banerherr : *écartelé au 1 et 4 de gueules à la vivre en fasce d'argent* pour Cleyngedanck, *au 2 et 3 d'or au bust de nègre de sable, chevelé d'argent, couronné d'or.*

Je comprends donc que Gelre n'ait pas mis le nom de Cleyngedanck sous ces armes ; il était incertain de savoir quelle branche des Mommerloth devait alors les porter.

Dans les Familles de Cologne, Fahne a consacré cinq grandes pages à cette maison et en a établi la généalogie en partie double triple et quadruple, c'est-à-dire qu'il en a trouvé plusieurs branches dont la première* a pour auteur Henri, vivant en 1170, une autre descendant d'Ebrard Cleyngedanc, vivant en 1191 et venant jusque au commencement du XIVᵉ siècle. Au moment où Gelre inscrit ses armes sur ses tablettes, elle est représentée par : Christine et Bela, nonnes ; Hilger, moine ; Druda, nonne ; Gerhard, chanoine ; Théodor et Waltellm, moines encore, et Hilger Stesse[n], fils naturel de Hilger v. d. Stesse, mort en 1333, et c'est sans doute lui dont Gelre voulait écrire le nom. Dans la table généalogique de Fahne, nous remarquons des alliances : Blitildis ép. Hilger Mommersloch, Stifter de la branche de Cleingedanc, dite de Mommersloch ; Elis-Stifter, de la ligne de St-Maurice ; — N. qui ép. Théodore de Welthausen ; — Herman qui ép. Lyse Overstolz ; — Gertrude qui ép. Bruno Judden, ou Guede ; — Hilger qui épousa Aleid Quattermart, et Sophie qui ép. Constantin Lyskirchen.

Cette face, en forme *d'échelle*, « instita cochleata », dit un vieil héraldiste, appartenait à la famille Clématia, issue des *Ubiis* Romanis, d'origine romaine. Ce nom de Clématia, du grec κλῆμα, signifie échelle, est le même que Kleingedanck ou Cleingedanck que quelques sculpteurs ont représenté avec des briques blanches en forme d'échelle sur champ de briques rouges pour Cleingedanck de Pavono, dont le cimier était un petit chapeau en pointe, qui sustinet ventilabrum expansum cum inscripta instita scutaria, ornatum exterius pennis pavoninis ; Clingedanck de Stessen portait de même *écartelé au 2 et 3 d'or à la tête de Maure au naturel*, et pour cimier le même van ou ventilabrum chargé de la tête de Maure ; mais Cleingedanck de Mommersloch portoit *la face vivrée de sable en champ d'or*, *nigra in aureo*, et sur le heaume couronné pour cimier deux cornes d'auroch, l'une d'or et l'autre de sable.

Puisque nous avons ici les Cleingedanc et les Mommerloch dont Gelre n'a pas voulu peut être écrire le nom, voyons ce que M Fahne en a pensé, et cherchons nous même à montrer à peindre ces Romains, alliés aux Sicambres pour conserver leur position sociale au IVᵉ siècle, qui ont ensuite fait de Cologne un centre de commerce avec l'Orient des croisades et sont restés les maîtres du Rhin pendant vingt-cinq siècles.

Les Cleingedanc sont une archi vieille famille de l'Etat de Cologne nommée dans les plus vieilles chroniques latines *parvæ mentis*, et ce nom prédestiné lui fut donné parceque le fondateur de la maison fut sans doute un homme de peu de courage, pusillanime : mais ces dénominations, en ce temps,

La branche des Mommerloch qui sont à la planche précédente n° 13 avec d'autres émaux sont ils les aînés ou les puînés, dans ce temps où les Princes Electeurs de l'Empire - que l'on croit aujourd'hui avoir été si puissants, — étaient obligés de se défendre contre de cupides bourgeois de leur domesticité Nous avons dit ci-dessus que le nom de Mommerloch vient de l'ancêtre Mumbernus ou Mimburnus qui fit percer un *trou* dans la vieille muraille romaine qui entourait la ville : Il habitait S Alban et pour faciliter ses voies de communication avec la ville, il fit faire une brêche dans les murs, et ce « Foramen Munberni » mentionné dans les chroniques, situé à l'endroit « où l'on va aux Enfers », s'appela bientôt Mommersloch ou Mumbersclo

En 1362, les Mommersloch possédaient d'importantes propriétés à Cologne outre leur maison forte, leur manoir féodal. Fahne nous dit que ces premiers Mommerloch sont une famille à part des Cleingedanc parce qu'ils portaient la *face vivrée* des Cleingedanc *en noir sur champ d'or* avec un cimier différent, brisure par changement d'émaux ; ce ne sont que deux branches du même tronc Fahne à tort de penser qu'un Mommerloch en épousant à une époque quelconque une héritière de Clingedanc en a pris les armes et le nom : On a vu de tout temps des cousins et cousines se marier entre eux et, dans les faits particuliers tirés des chroniques par M. Fahne, nous voyons que la fille de Théoderic ou Thierri de Mommerloch reçut pour dot à son mariage « une table et une boutique parmi les marchands d'étoffes, [mensam et cubiculum inter incisores pannorum], une place au marché des fabricants de drap. » De pareilles boutiques avaient une haute valeur et étaient fort recherchées : c'était une dot assez respectable, mais avouez que c'est un singulier fief

Fahne en général a manqué de documents sur les personnages vivant de 1350 à 1380. Pour les Mommerloch comme pour les Cleingedanc, ce n'est que vers la fin du XIVe siècle qu'il a des certitudes Il nous dit qu'en 1392, Franco épousa Blitza qui tous deux moururent avant 1424 ayant pour enfants : Jean qui épousa Mabille N ; Béatrix qui ép Giselbert de Slenderhan ; Christine et Franco. Néammoins il cite Rigwin Mommerloch et sa femme Hadwige morts en 1355 ayant pour héritier Gobel demeurant dans le quartier de Severin. En 1574 la propriété de S Alban, le fief des Mommerloch passa à Caspar qui mourut le dernier de la race et dont l'épitaphe est au Cimetière des Pauvres à Cologne « A° 1590, le 16 mars est mort le noble et digne Caspar von Kleingedanc dit Mommersloch, dernier de la vieille souche romaine » résidait vis-à vis le palais de l'Archevêque : Everhard est l'auteur d'une branche dont sont sortis les rameaux de Stessen, St-Mauritz, Niderich et Schaafforte.

Cette famille a pesé lourdement sur les intérêts de la ville de Cologne. Au début on la voit occuper des charges, des emplois importants à la Cour des Archevêques En 1197, en 1203 et 1221, Apollonius ; Maximin, Engelbert en 1223 et en 25 Gerhard sont témoins dans les actes de l'Archevêché et ceux de la Ville. Ils se glissent, et finissent par s'emparer de l'administration communale de Cologne. Leur armoirie parlante, leur *face tortueuse* apparut. L'archevêque Engelbert de Walkenburg voulant gouverner la ville, chercha à gagner les Overtolz ses adversaires et fit éclater entre eux et les Weisen quelques différends Les Cleingedanck soutinrent les Overtolz et en 1267 la lutte était ouverte. Un jour l'archevêque fit saisir Herman de Cleingedanck, dit le Roux, et un autre jour un beau frère de Philippe Cleingedanck, Bruno de Cuesing. L'émeute se leva contre l'archevêque qui fut battu près de Vrechen : en 1250 on voit apparaître déjà parmi les révoltés Daniel et Simon Judden, dits Rossgin, de cette famille des Judden, les Guede ou les Juifs, qui s'était convertie pour servir d'intermédiaire entre les Archevêques et les Juifs de Cologne et du Rhin, et dont nous verrons le représentant à la planche CXVII. La révolte gronda longtemps autour de l'Archevêché, entretenue par les Mommerloch, les Cleingedanck, les Hardevust ; mais enfin l'Archevêque finit par reprendre la suprématie de la Ville et fit faire amende honorable à ces révoltés qu'il mit à rançon et qui néanmoins cherchèrent bientôt encore à semer de nouveaux troubles : L'Archêque usa de ruse alors et s'empara de douze d'entre les Overtolz, les Lyskirchen, les Judden, les fit enfermer, confisqua leurs biens, les fit déchoir de leurs dignités et anéantit leurs familles Après la mort de l'Archevêque Conrad, un Cleingedanc qu'il avait épargné se fit le défenseur des libertés municipales de la ville de Cologne et fit alliance avec Thierry de Berg, 1263 1272 Plusieurs Cleingedanc combattirent à Woringen en 1288, et en 1325 Tylman Cleingedanc se trouve encore à la tête du gouvernement de la Ville.

Nous ne voyons pas dans Fahne celui que Gelre aurait pu inscrire sur ses tablettes. Peut-être est-ce Tylman. En 1420 Everhard Cleingedanc est un personnage considérable s'occupant de la science de la guerre et de l'artillerie : Il s'engage le 1er avril de cette année comme maître de l'Artillerie de Cologne, et reçut pour cette charge cent florins. Enfin la plupart des rameaux de cette branche se groupe autour de celle des Stesse.

La branche des Mommerloch qui sont à la planche précédente nᵒ 13 avec d'autres émaux sont ils les aînés ou les puînés, dans ce temps où les Princes Electeurs de l'Empire - que l'on croit aujourd'hui avoir été si puissants, — étaient obligés de se défendre contre de cupides bourgeois de leur domesticité Nous avons dit ci-dessus que le nom de Mommerloch vient de l'ancêtre Mumbernus ou Mimburnus qui fit percer un *trou* dans la vieille muraille romaine qui entourait la ville : Il habitait S Alban et pour faciliter ses voies de communication avec la ville, il fit faire une brèche dans les murs, et ce « Foramen Munberni » mentionné dans les chroniques, situé à l'endroit « où l'on va aux Enfers », s'appela bientôt Mommersloch ou Mumbersclo

En 1362, les Mommersloch possédaient d'importantes propriétés à Cologne outre leur maison forte, leur manoir féodal. Fahne nous dit que ces premiers Mommerloch sont une famille à part des Cleingedanc parce qu'ils portaient la *face vivrée* des Cleingedanc *en noir sur champ d'or* avec un cimier différent, brisure par changement d'émaux ; ce ne sont que deux branches du même tronc Fahne à tort de penser qu'un Mommerloch en épousant à une époque quelconque une héritière de Clingedanc en a pris les armes et le nom : On a vu de tout temps des cousins et cousines se marier entre eux et, dans les faits particuliers tirés des chroniques par M. Fahne, nous voyons que la fille de Théoderic ou Thierri de Mommerloch reçut pour dot à son mariage « une table et une boutique parmi les marchands d'étoffes, [mensam et cubiculum inter incisores pannorum], une place au marché des fabricants de drap. » De pareilles boutiques avaient une haute valeur et étaient fort recherchées : c'était une dot assez respectable, mais avouez que c'est un singulier fief   •

Fahne en général a manqué de documents sur les personnages vivant de 1350 à 1380. Pour les Mommerloch comme pour les Cleingedanc, ce n'est que vers la fin du XIVᵉ siècle qu'il a des certitudes Il nous dit qu'en 1392, Franco épousa Blitza qui tous deux moururent avant 1424 ayant pour enfants : Jean qui épousa Mabille N ; Béatrix qui ép Giselbert de Slenderhan ; Christine et Franco. Néammoins il cite Rigwin Mommerloch et sa femme Hadwige morts en 1355 ayant pour héritier Gobel demeurant dans le quartier de Severin. En 1574 la propriété de S Alban, le fief des Mommerloch passa à Caspar qui mourut le dernier de la race et dont l'épitaphe est au Cimetière des Pauvres à Cologne : « Aᵒ 1590, le 16 mars est mort le noble et digne Caspar von Kleingedanc dit Mommersloch, dernier de la vieille souche romaine »

NOTE SUR VILDENBERG

Le P. Alix Wilthem, dans sa généalogie inédite des sgrs de Rifferscheit et quelques autres généalogistes, attribuent à Philippe, frère de Gérard de Rifferscheid, la seigneurie immédiate de l'Empire nommée Wildenberg ou Wildenbourg, en quoi ils méritent d'autant plus de croyance que les Wildenberg nomment non seulement les Reifferscheid leurs consanguins. mais qu'ils ont même eu une part du château de Reifferscheid. — Philippe II qui a échappé à Schannat dans son *Eifflia illustrata* est peut être le sgi de Wildenberg qui se montre comme témoin dans les chartes de 1237 et 1242 et c'est apparemment — Philippe III qu'on rencontre dans les Chartes de 1248 et suivantes Une de ses filles, Jeanne, épousa Henri sire de Daun. — Philippe IV de Wildenberg, le jeune, 1260, fut père de — Jean qui était déjà sgr de Wildenberg en 1274, comme on le voit par les Chartes de Hatzfeldt. Il eut pour femme Irmengarde d'Ouren. Il figure dans les chartes de Gudenus T. II, p. 981 et suiv. : Philippe son successeur et Irmengarde furent les enfants qui lui survécurent. Philippe V signa en 1323, le 15 août à Cologne, se qualifiant seigneur de Wildenberg, le contrat des fiançailles entre l'Empereur Louis de Bavière et Marguerite de Hollande. De Jeanne sa femme il ne laissa qu'une fille, Catherine, en qui finit la branche. Catherine doit s'être remariée vers 1348 au fameux Renaud dit Maxhéré de Schoenworst : Hemricourt l'appelle « très noble fille du sgr de Wildenberg », et cousine germaine de Engelbert de La Marck, ce qui fait croire que sa mère a été fille d'Everard II comte de La Marck.

Une autre branche des seigneurs de Wildenberg qui eut pour souche Gérard I, mentionné en 1247 où il se déclare vassal du comte de Berg, subsista plus longtemps Gérard I devait être le frère de Philippe II ci-dessus ; Adélaïde sa femme, 1263-1295 le fit père de — Gérard II son successeur, qui en 1272 confessa d'avoir repris fief du comte de Luxembourg. tant pour lui que pour ses hoirs. De Catherine sa femme il eut un fils — Henri qui en 1290 vendit avec le consentement d'Elisabeth sa femme et de Thierri, Othon et Jean ses fils, quelques biens à l'Abbaye de Marienstadt, vers 1307. — Thierri son fils aîné, mort en 1333, laissa l'héritage à Jean I son frère, qui de la fille de Godard de Sayne-Witgenstein laissa deux fils, Jean II qui lui succéda et Hermann d'après Schannat. D'après les archives de Hatzfeld, on voit en 1316 Jean de Wassenberg, frère de Thierri de Wildenberg, mentionné en 1333 avec Otton son frère dans un acte ou sa femme est nommée Jutte On voit aussi en 1339 un Jean de Wildenberg différent du précédent dont la femme est Elisabeth de Sayne-Witgenstein, fille de Godard ou Godefroy de Sayné, sire de Homberg : ce Jean avait deux frères, Herman, le même sans doute qui se rencontre en 1363 et 1378 qualifié sire de Wildenberg, et l'autre Henri, trésorier de Werden en 1351 — Un 3e Jean, sire de Wildenberg en 1388 et 1400 épousa Anne de Dietz. Vers 1402 on voit Herman de Wildenberg avec sa femme Sophie de Hammerstein. Jean reparait en 1418, mais en 1418 on voit Lutgarde de Hatzfeld, avec son fils Jean de Hatzfeld, seigneur de Wildenberg, et de suite plusieurs autres sires de Wildenberg de la famille de Hatzfeld dans laquelle cette seigneurie est restée jusqu'à ce qu'elle eut été vendue à l'Abbaye de Steinfeld qui la possédait encore au commencement du siècle dernier. — *Ernst.*

Il faut remarquer que ces seigneurs de l'Evêché de Trêves relèvent *immédiatement* de lEmpire, c'est-à-dire que dans la dislocation de la Lottringe, ils se rendirent indépendants, mais que pour assurer leur indépendance, ils se mirent conditionnellement sous la protection nominale de l'Empire en alliés, et c'est ce qui explique leur position d'*immédiats*, jusqu'au jour où on les absorba *jure bello.*

1350 Quittance de la somme de vingt livres de phennings ou sous
messins donnée par Jean et Nicolas, seigneurs de Dagstult, hu zn Dagestul,
qui avoient reçu ladite somme par Dieszen de Berus pour et à l'acquit des
gens des deux seigneurs de Boulay qui étoient leurs cautiers. C'est
pourquoi ils déclarent les d^{ts} de Boulay quittes de cette obligation : Scellée
de leurs scels le dimanche après la S.-Luc, 1350. — *Bibl. nat.*

Le 8 sept. 1358, Hanemann et Simon Wecker, comtes de Deux Ponts-
Bitche, conclurent une trêve avec Jean de Lichtenberg, évêque de
Strasbourg, et Jean de Dagstoul Cette trêve devait commencer ledit jour,
fête de la Nativité de Notre-Dame, et durer jusqu'au mardi après la Saint-
Martin. Frédéric comte de Saarwenden, et son fils Jean, y furent
nommément compris. — *Herzog, liv V, p.* 37.

En 1395, Pittengen avait hérité de Dagstul : Der Jude Gotschalk von
Montabaur quittirt dem Arnold herrn zu Püttingen und Dagstul über
geleistete Bürgschaft für den seligen Iunker Hugel von Hunolstein.
1395, Janvier 29. *Arch. de Coblenz.*

Anno 1402 Trevirorum civitas per hæc ipsa tempora quoque, ut erat
tunc aevum, et homines. oppidó floribat ; etenim suis facultatibus non illa
bellum modó in annos prope singulos diu sustentavit, sed præmiis etiam
positis præcipuam ferè nobilitatem in urbem excitam, alios civitatis jure,
alios religione fœderis, pleros que perpetui beneficii nomine sibi devinxit ;
in his fuere Joannes Schmidburgius, Nicolaus advocatus Honolsteinius,
Gerardus Harrecourtius eques, Henricus at que Fridericus Fleckensteinii
Dagstulii Domini ; hos deinde secuti Jacobus à Rolingen, Joannes ab
Ulmena, Gotardus Brandenburgicus ; uterque Arnoldus Sirkii ; Erardus
Gimmichus Berburgensis dynasta, comes quoque Virnenburgius ; atque
horum, similiumque virorum fida societate muniti, haud magno se
negotio adversus imperia legesque Principum obvallabant *Ann Trev.*

Decussis in potiori metallo pingitur *niger* Dachstul ten Dagstul,
baron, familiæ Fleckensteiniæ, *Spener* 178. — Frederic, sgr de Fleckens ̄
tein, baron de Dagstul, ép Jeanne, baronne de Winneberg, et en eut
Henri de Fleckenstein, baron de Dachstul, qui ép Marguerite, baronne
de Fleckenstein (sa parente), fille de Jacques, sgr de Fleckenstein, et de
Barbara d'Ingelheim : Ils eurent un fils, Georges de Fleckenstein, baron
de Dagstul, qui de Marie, comtesse Sylvestre et Rheingrave, eut une fille,
Ursule de Fleckenstein, baronesse de Dachstul, épouse d'Emile de
Leiningen Linange : leur fille, Anna-Marie, comtesse de Linange, fut la

femme de Georges, comte d'Ortenburg, et leurs enfants produisirent leurs 32 quartiers. — *Bucelin*.

Reconnaissance de Jean comte de Nassau et de Saarbruck, seigneur de Heimbsberg, qu'il doit de bonne et juste debte à Gerlach Munck de Buseck et à Cunichen de Wiler, sa femme, la somme de 1500 florins du Rein, monnoye des quatre Electeurs, qu'ils leur ont prêtés dans son besoin et pour son profit avec promesse de leur payer tous les ans six vins florins de rente au jour de la feste St-Etienne, à Noël ou huit jours après, au Gerloch à Boulay ou dans le lieu de sa demeure, tant et si longtemps que ladite somme capitale de quinze cents florins avec la rente annuelle de six vins florins ne sera pas acquittée ; pour assurance de laquelle obligation il donne pour co débiteurs et pour plèges aud Gerlach, Bernard de Pallant seigneur de Felsberg, Caspard de Raville sgr de Dagstull, Jacques d'Esch et Evrard de Merenburg, dit Rubsam ; outre ce, en cas de défaut de payement de lad. rente, il s'engage, sur l'avis que le d. Gerlach lui en donnera d'envoyer un gentilhomme avec un valet et deux chevaux du prix de 3 florins du Rein, et chacun desd plèges avec deux valets et deux chevaux à Metz, à Boulay ou St Avold, dans un cabaret, en ôtage, etc. En foy de quoy ledit Comte de Nassau a scellé la présente, ce que les susd. plèges ont aussy fait la veille du nouvel an, 1467. — Wir Jehan grave zu Nassauwe und zu Saarbrucken, etc. — *Coll. Lorr*, en allemand

Les Dynastes de Dagstul se sont fondus ou éteints dans la maison de Fleckenstein, en 1389, par le mariage de Elisabeth, fille de Jehan de Roldingen sgr de Dachstul, avec Henry de Fleckenstein, selon Herzog. *Chronique d'Alsace*, et Imhof. De ce mariage vint Henri II, père de Frédéric Iᵉʳ, qui de Marguerite de Hendchucheheim eut Frédéric II, qui reçut en 1467 de l'empereur Frédéric III le titre de Baron, épousa Jeanne, fille de Joachin baron de Winneberg, et en eut Frédéric III ἄγαμον, et Henri III : celui-ci ép sa parente Barbara, fille de Jacques de Fleckenstein, et fut père de Henri IV, Jean et George : celui-ci, de sa femme Marguerite, fille du Rhingrave Jean VII, eut plusieurs enfants qui prirent alliance dans les maisons de Hohensaxen, de Linange, de Nassau, de Rappolstein, mais la postérité de cette branche de Fleckenstein s'éteignit dans les femmes en 1661.

Philippe Charles comte d'Oettingen Wallerstein, 1738-1766, épousa Caroline-Julienne, héritière de Dachstul   *Grote*.

PLANCHE III

1. — He van Ysenboirch. — Sire d'Ysenbourg.

Porte : *D'argent à deux faces de sable.*

Une des familles les plus illustres du Rhin.

2. — Hr ja. va. Cronenborch. — Sire Jean de Cronenburg.

Porte : *Ecartelé, au 1 de gueules à la couronne d'or ; au 2 et 3 Beffroy de vair de deux tires ; au 4 de gueules.* — Cimier, deux grandes oreilles.

Voyez Fahne et Humbracht.

3. — IIe van Vrankensteyn. — Sire de Frankenstein.

Porte : *D'or à un fer de gueules renversé.* — Cimier, deux aîles armoyées de l'écu.

Famille éteinte au 17e siècle.

4. Hr Otte Knueuel. — Sire otto Knebel.

Porte : *D'argent à l'écusson de gueules en abyne, et un*

13

annelet de sable au franc canton. — Cimier, deux aîles, l'une d'argent, l'autre de gueules.

Voyez Fahne et Hattstein.

5. HR JAN VAN LIEVENSTEYN. — SIRE JEAN DE LEE-BENSTEIN.

Porte: *D'or à trois fusées de sable.* — Cimier, deux cornes d'auroch.

Voyez Grunenberg, Sibmacher et Hattstein.

6. — HR SYMON VAN GONTEIM. — SIRE SIMON DE GONTEIM.

Porte: *De gueules semé de billettes d'or, à la patte d'aigle de même issante du flanc senestre de l'écu.*

Humbracht donne la généalogie des Gonteim.

7. — GARBENKEYM. — GHEBENHEIM.

Porte: *Fascé de gueules et d'hermines de six pièces.*

8. — HR JAN KAMERER. — SIRE JEAN KAMERER.

Porte: *D'azur au chef d'or emmanché de deux pièces et deux demies.*

9. — SYMON GRAUS. — SYMON GRANS.

Porte: *D'argent à la face de gueules, surmontée de trois faucilles rangées.* — Cimier, un buste de pucelle.

Graus v. Rheinberg ? Cette figure d'armoiries se trouve dans le Jahrbuch de la société « Adler » de Vienne sous le nom d'Hippenfert.

10. — Iacob van Oudenem. — Jacques d'Œdenheim.

Porte : *D'azur à la bande chevronnée d'or et de gueules de six pièces.* — Cimier, un buste de vieillard.

11. — Hr Jan van me Geibosch. — Sire J. de Geisborch.

Porte : *D'argent à sept lozanges de sable, 4, 3.* — Cimier, une tête et col de bouc.

M. Oidtman possède la généalogie de cette maison.

12. — Brunegge. — Brunegge.

Porte : *D'or à deux Léopards de sable la queue rabattue.*

C'est Hohenlœ — Il est aussi planche XXVII.

13. — G. van Wede. — Comte de Wede ou Vied.

Porte : *D'or à deux faces de gueules.*

Brissure d'Ysenbourg.

14. — G. van Vernenborch. — Comte de Vernenbourg.

Porte : *D'or à sept fusées de gueules, 4, 3.* — Cimier, deux cornes d'auroch.

Jean de Vernenborch, archevêque de Cologne en 1363.

15. — G. van Vianden. — Comte de Vianden.

Porte : *De gueules à la face d'argent.* — Cimier, deux cornes d'auroch.

Maison tombée dans celle de Mœurs.

PLANCHE IV

1. — HANEN. — HANAU.

Porte : *Chevronné d'or et de gueules de six pièces.* — Cimier, un demi-cygne.

Voyez Bucelinus et la Chronique d'Alsace.

2. — G. VAN ZAERBRUGGEN. — CTE DE SAARBRUCK.

Porte : *D'azur semé de croisettes recroisetées d'or, au lion d'argent brochant.* — Cimier, deux aîles en aigrette.

Maison éteinte.

3. — NUENAERN. — NUWENAER.

Porte : *D'or à une aigle de sable becquée et membrée de gueules.* — Cimier, la demie aigle entre un vol d'or.

Voyez la Chronique de Cologne.

4. — HR. EVERT VAN D'MERKE. — SIRE EVERARD DE LA MARCK.

Porte : *D'or à la face échiquetée d'argent et de gueules, au lionceau de gueules naissant en chef.*

hausy　　　zur burg　　　nyuuuruu　　　curt vand'uurbe　　　h. b. birkebuch

vurheim　　　hims lui buscheu　　　villy　　　vycurrth　　　vurbuch

vu kcupfleun　　　undrheu　　　hugheuu　　　hu wel hu welt

Eberhard de La March, fut Sgr d'Aremberg et laissa de Marie de Neuf-chatel une nombreuse et brillante postérité.

5. — HE VAN BICKENBACH. — SIRE DE BICKENBACH.

Porte : *De gueules à deux bandes de lozanges d'argent.* — Cimier, deux aîles armoyées de l'écu.

6. — REDELHEIM. — RŒDELHEIM.

Porte : *D'or à deux pals recourbées et adossés de gueules.* — Cimier, une tête et vol de dragon.

7. — THOMS VAN BACHEM. — THOMAS DE BACHEM.

Porte : *D'argent à deux bandes de gueules.* — Cimier, une tête et col de chien.

8. — G. VAN RINEG. — COMTE DE RINECK.

Porte : *Burelé de dix pièces d'or et de gueules.* — Cimier, une demie-aigle essorante.

Ce n'est pas le Burgrave qui est à la planche suivante.

9. — RIPENBERG. — REIFFENBERG.

Porte : *D'argent à deux bandes de gueules.* — Cimier, deux longues oreilles, la dextre de sable, la senestre d'argent.

Voyez Fahne, Sumbracht, Hibmacher.

10. — RIMBERCH. — REINBERG.

Porte : *D'argent à la face de gueules.* — Cimier, deux cornes d'auroch aux émaux de l'écu.

11. — Van Scerpensteyn. — De Scarpensteyn.

Porte : *D'argent à deux faces de sinople.* — Cimier, deux aîles en aigrette aux émaux de l'écu.

12. — Eerlichen. — Erlikam.

Porte : *De sinople au lion d'argent armé et lampassé de gueules couronné d'or.* — Cimier, un plumail dans un pot.

Alliance de Knobel et de Cammerer.

13. — Languenou. — Languenau.

Porte : *De gueules à la bande d'argent, chargée d'une fleur de lys de sable au franc-canton.* — Cimier, un vol eployé de profil.

La généalogie est dans Humbracht.

14. — H. Wernert van Vesthusen. — Sire Vernert de Westhausen.

Porte : *Party d'azur et d'or à deux chevrons partys de l'un en l'autre.*

Dans Sibmacher il est party-chevronné de quatre pièces d'azur et d'or.

15. — Philips van Stockheym. — Philippe de Stockheim.

Ces armes ne sont pas de Gelre, elles ont été ajoutées, modifiées et surchargées.

PLANCHE V

1. — DIE BISSCOP VAN CUELEN. — L'ÉVÊQUE DE COLOGNE.

Porte : *D'argent à la croix de sable.* — Cimier en esteuf en évantail armoyé de l'écu, bardé de plumes de paon, posé sur coussin d'or, et entre deux longues plumes aussi d'or, clouées de même et sommées d'un étendard de Cologne.

C'est Guillaume de Genepe.

2. — JASPAR. — GASPAR.

Porte : *d'azur au croissant et à l'étoile d'or.* — Cimier, un buste de veillard.

C'est un des Rois Mages, dont les reliques sont sous le Dôme de la Cathédrale de Cologne, avec les deux suivants.

3. — MELCHIOR. — MELCHIOR.

Porte : *D'azur à six étoiles à six rays d'or.* — Cimier, une des étoiles, celle qui les a guidés au tombeau du Christ.

4. BALTHAZAR. — BALTHAZAR.

Porte : *De gueules à un more, de sa carnation.* — Cimier, la tête de more de l'écu.

5. — G. van Aernsberg. — Comte d'Arnsberg.

Porte : *De gueules à l'aigle d'argent becquée et membrée d'or, liée aux ailerons de même.* - Cimier, un vol chargé de panelles et d'un tourteau.

Maison éteinte au XIVᵉ siècle même, en la personne de Godefroy, dernier comte.

6. — Borchgue. van Rinegge. — Le Burgrave de Rinegge.

Porte : *loᵹangé de gueules et d'argent au chef d'or.* — Cimier, un demi cygne entre deux ailes armoyées de l'écu.

L'un des quatre burgraves de l'Empire.

7. — Voecht van d'Naerse. — Le Prévost de Naersen.

Porte : *De gueules au chef d'or, ou d'or coupé de gueules.*

8. — H. Jan van Mest... — Sire Jean de me Stein.

Porte : *D'or à la quintefeuille de gueules.* — Cimier, une tête et col de levrier.

La Généalogie se trouve dans Humbracht.

9 — Burchgve v Drake... Burgrave de Drakenfels

Porte : *De gueules à un dragon aîlé d'argent.* — Cimier, la tête du dragon entre un vol de gueules.

Les descendants sont en Moravie.

10. — Burchgue v. o... — Burgrave d'Odenkirch.

Porte : *Fascé de gueules et d'or de six pièces*. — Cimier, un plumail d'argent.

11. — Maerschalk... — Marechal d'Alsteren.

Porte : *Burelé de huit pièces de gueules et d'or*. — Cimier un pied de bouc.

Jean, sire de Hamal eut une fille, Marie, qui épousa Conrad d'Alsteren.

12. — H. van d'Eren. — Sire van der Eren.

Porte : *Pallé d'or et de gueules de huit pièces, au chef d'azur chargé de trois miroirs d'argent cerclés d'or.*

14

PLANCHE VI

1. — Voecht va Merem. — Bailli de Merem.

Porte : *D'azur à trois croissans d'or.*

2. — H. Jan v. Mehertsen. — Sire Jean de Hirtz.

Porte : *Fascé de six pièces d'argent et de gueules.* — Cimier, un demi-cerf.

On le trouve dans la Chronique de Cologne.

3. — H. Jan van Troyen. — Sire Jean de Troyens.

Porte : *De gueules à deux chevrons échiquetés d'argent et d'azur.*

Un des Bourguemestres de Cologne.

4. — N. Jan van dem Palasc. — Sire Jean Vanden Plays.

Porte : *De sable au chevron engreslé d'or.* — Cimier, une tête et col de bouc.

Famille de Bourguemestres à Cologne.

5. — N. Paeu van Heinbach.— Sire Paeu d'Heinbach.

Porte : *D'azur au chef d'or, au sautoir échiqueté d'argent et de gueules.*

Inconnu à M. Fahne.

6. — N. Geraert van d'Lanscrone. — Sire Girard de Lanscrone.

Porte : *De gueules semé de trèfles d'or à la couronne de même.* — Cimier, un bonnet pointu de gueules semé de trèfles d'or.

Alliance de Mœurs.

7. — H. Vinant v. Dinsichaven. — Sire Vinant de Dinsichaven.

Porte : *D'or à deux faces échiquetées de gueules et d'argent surmontées de trois étoiles de...* — Cimier, un vol de sable.

8. — H. Rutger Raets. — Sire Rutger de Raetzen.

Porte : *De sable à la croix pleine d'or.* — Cimier, une tête et col de bouc de sable accorné d'or.

Se trouvait à Nuremberg, lorsqu'on proclama la Bulle d'or. Sa postérité existe encore.

9. — H. Arnt Rykurck. — Sire Arnold Ruychrock.

Porte : *D'argent à la face de sinople.* — Cimier, deux cornes d'auroch.

10. — H. Jan va Wynberch. — Sire Jean de Wymberch.

Porte : *De gueules à trois fusées d'argent.* — Cimier, un vol armoyé de l'écu.

Henry de Waienberge était à la bataille de Bastweiler en 1371.

11. — Die Birkelinc. — Les Birckelyn.

Porte : *D'argent à l'ours de sable, colleté d'argent, les clous et l'anneau d'or.*

12. — H. Jan Masschereel. — Sire Jean Masscherel.

Porte: *De gueules à 14 besans d'argent posés*, 4, 4, 3, 2. 1.

Il épousa Jeanne Brant qui était veuve en 1398.

13. — Moberselo. — Mommersloch.

Porte : *D'or à une face vivrée de sable.*

14. — Wachendorp. — Wachendorff.

Porte : *De gueules à trois feuilles de peuplier d'argent, au chef d'or.* — Cimier, un grelot, entre un vol, posé sur un bonnet.

Ce ne sont pas des coeurs, mais des feuilles de peuplier ou de nymphaea.

15. — Rochendorp. — Rokendorp.

Porte : *De sable au chef d'or emmanché de deux pièces et deux demies.*

En 1500, Roquendophe était seigneur de Condé.

dye heve vä hauevlleyn   ḣ wiiigcr vä ballenchs   warh īʒ brūm fpiegel   ꝛ̄ hauobuiſt   padbouch

vä neſtuue   ḣ gouit chpruu   ꝫ L loeʒ

Iſm   cꝛo ḣ   n cut diucel   hoenolt ū pletteberu   vluu   cruſħ

PLANCHE VII

1. — Dye here va Hamersteyn. — Le Seigneur de
   Hamersteyn.

Porte : *D'or à trois maillets de gueules, posés 2 et 1.* —
Cimier, un vol armoyé de l'écu.

Famille éteinte.

2. — H. Wiissric v. Vissenich. — Veyssenigt.

Porte : *D'azur semé de fleurs de lys d'or à la face
d'hermines brochante.* — Cimier, un bust de vieillard.

3. — H. Mathis van den Spiegel. — Sire Mathis de
   Spiegel.

Porte : *De gueules à trois miroirs d'argent bordés d'or.*
— Cimier, un miroir bordé de plumes de paon.

On a publié la généalogie des Spiegel.

4. — H. Hen. Hairdvuist. — Sire Henri Hardfuist.

Porte : *D'or à deux bras de carnation vestus de gueules,
parés de sable.*

Dans quelques auteurs, le champ de l'écu est d'argent.

5. — PADBERCH. — PATBERGHE *ou* PADBERG.

Porte : *Vairé de deux tires, coupé d'or.*

On trouve dans Fahne la généalogie de Padberg.

6. — VAN MESTAUE. — VAN ME-STAUE.

Porte : *Party palissé d'argent et de gueules.* — Cimier, deux cornes d'auroch, — selon la chronique de Cologne.

7. — . . . . . . — . . . . . . —

Porte : *D'or à trois lambels d'azur superposés.*

8. — . . . . — . . . . . .

Porte : *De gueulles à la vivre d'argent.*

9. — GERIT CHORUS. — MESSIRE GERARD CHORUS.

Porte : *D'argent à deux bâtons fleudelysés de gueules.*

Le descendant de cette illustre maison, M. Chorus, est major au 5ᵉ régiment d'infanterie en Silésie. — C'est à tort que la Chancellerie d'Allemagne a changé les émaux de ces armes, et leur a donné un champ *d'azur.*

10 — JAN LOEF. — SIRE JEAN LOEF.

Porte : *D'or à deux faces de gueules chargées de losanges d'argent,* 5 *et* 4.

Ce nom a été relevé en 1604 par Michel de Loef.

11. — GERITT NAGEL. — GERIT NAGEL.

Porte : *D'or au lion à la queue fourchue de gueulles, au chef vairé d'argent et de sable.*

Voyez Fahne de Roland, sur les seigneurs de Hovel.

12. — H. Roenolt v. Plettenberch. — Renaut de
   Plettenberch.

Porte : *Party d'or et d'azur.* — Cimier, un vol armoyé
de l'écu.

Des membres de cette famille existent encore.

13. — Dyc van Vilmen. — Ceux de Hilven.

Portent : *Ecartelé en sautoir de gueules et d'argent, au
lambel d'azur.*

14. — H. Ulr... Scerbe. — Ulric de Scherfh.

Porte : *De sable à deux bandes d'argent.*

PLANCHE VIII

L'intérêt historique qui s'attache à notre publication nous fait placer ici les armes d'un Feudataire civil de l'Archevêque de Cologne que Gelre a placé dans un supplément comme nous le verrons au Tome IV. C'est :

H. Gobel Guede. — Sire Gobel Juede.

Porte : *D'azur à trois Gobels ou chapeaux de Juifs d'or.* Le heaume d'argent taré de deux tiers, le volet d'azur et pour cimier un Gobel d'or fourré de gueules sommé d'un large plumail de sable en éventail.

Guede, Juede, Jude, Judaeus, Juif. C'est une famille des Bourguemestres de Cologne, dont la race s'est transportée depuis à Francfort-sur-le-Mein. Dès 1282, Daniel Judaeus, *ritter*, chevalier, figure dans l'armorial des Bourguemestres de Cologne. On retrouve d'autres Judaeus en 1368, en 1395, en 1425 et en 1432 : Ils ont tous les trois chapeaux avec des change-ments d'émaux pour brisure

Le moyen-âge a été favorable aux Juifs, aux Guede. Ils ont été mêlés aux guerres civiles de Cologne et se sont élevés par les charges publiques. Pour porter des armoiries, ils se sont faits payens, ni chrétiens, ni juifs, mais *Lombards* et c'est à ce titre qu'ils sont alliés même aux Lyskirchen dont ils ont écartelé leurs armes. Les Archevêques et les Princes se servaient d'eux comme changeurs, et les Croisés furent obligés pour battre monnaie en Syrie, d'avoir recours à eux comme aux Vénitiens ou Lombards de la Lombardie. Quand les plus avantureux des Croisés en s'enfonçant sur les

a

h gobel

yues

rives de l'Euphrate, rapportèrent de l'Inde et de la Perse des joyaux, des pierreries de toute sorte, les Juifs reçurent d'eux par échange, par contrat, les couronnes de zaphirs et d'éméraudes ravies aux temples de l'Orient. Ils rendirent par ce trafic service aux voyageurs, fondèrent le commerce fiduciaire et « la nation juive » se releva. Les Guede de Cologne en sont un exemple ; ce n'est que plus tard que les Juifs, par instinct, et par situation, s'étant fait du commerce un marchepied, devinrent suspects ; ce n'est qu'à partir de 1400 qu'on envie leurs trésors acquis sans peine, et la jalousie alluma contre eux la haine religieuse. Le Juif, a-t-on dit, ne produit pas, il exploite ; il ne travaille pas, c'est une pieuvre sociale ; il brocante, il vend, il trafique, il commerce, il fait tout ce qui éveille l'antagonisme du producteur qu'il faits uer ; il manie l'argent, c'est-à-dire le travail accumulé, et il appelle ça faire valoir le travail des autres ; il achète cent sous ce qu'il revend cent francs : il y a 95 francs pour lui, et c'est, dit-il, la loi des échanges. Lombard, ou usurier, il abuse et par une loi de l'esprit humain, quiconque sort des limites du négoce, est un juif : L'humanité entière l'a condamné et le frappe bientôt de ce mot terrible : « C'est un juif : » Et ce mot a aujourd'hui un sens qu'il n'avait pas en 1370. Guede, je le répète, en est la preuve. Dans la Chronique de Cologne il danse avec tous les Bourguemestres de la cité devant St-Pierre, le patron de la cathédrale, qui n'a pas l'air de s'en fâcher. Pourquoi donc les Juifs n'ont-ils pas suivi cette bonne voie et ne sont-ils pas venus à récipiscence. Ils se sont obstinés, ils se sont recoquevillés dans leur ghetto ; moral ils ont gardé un esprit méchant et cruel, et se sont attiré des haines populaires qui se réveillent trop souvent. Que des Juifs fanatiques, encrassés, aient dans des transports religieux commis des actes de cruauté, je n'en ai pas trouvé de traces véritables, mais en général, aujourd'hui même le Juif est dur, il commande dans l'ombre, il fait marcher la police, il écrase d'un mot, il ruine des forces sociales, il tarit, il dissout, il opprime, il produit des crises où le peuple meurt de faim devant ses Sociétés en commandite ; il veut dominer, être tout, et il a pour complice une secte révolutionnaire sans foi ni Dieu, capable de tous les crimes, et ayant mis déjà plus d'une fois la société moderne en péril pour la satisfaction de ses appétits.

Gobel Guede n'avait pas prévu cela. Ses descendants ont longtemps porté allègrement en cimier un buste de Juif au naturel, vestu de gueules et coiffé du bonnet traditionnel. Ils en étaient fiers et on ne les modestait pas. Ce n'est que depuis la Réformation de Luther que les choses ont changé. Les Juifs l'ont oublié et il n'est pas inutile de leur remettre cette histoire sous les yeux.

PLANCHE IX

1. — BISSCOP VA TRIES. — EVÊQUE DE TRÈVES.

Porte : *D'argent à la croix pleine de gueules.* — Cimier, un esteuf armoyé de l'écu bordé de plumes de paon, posé sur un coussin.

Boemundus, Dei Gratia S. Trevirensis Ecclesiæ Archiepiscopus.

2. — HE VAN DEN SCHLEDEN. — SIRE DE SCLEYDEN.

Porte : *D'azur semé de fleurs de lys d'or, au lion d'argent couronné d'or.*

Est tombé dans la maison de La Marck.

3. — G. VAN SALMEM. — COMTE DE SALM.

Porte : *De gueules semé de croix recroisetées au pied fiché et deux bars adossés d'argent.*

Jean comte de Salm, était à la bataille de Bastweiler en 1371.

4. — G. VAN ZEYNE. — COMTE DE SAYN.

Porte : *De gueules au léopard lionné d'or à la queue fourchue, armé et lampassé d'azur.* — Cimier, une corne d'or.

C'est Sayn-Wittgenstein.

5 — G. van Blankenheim. — Comte de Blankenheim.

Porte : *D'or au lion de sable armé et lampassé de gueules au lambel de cinq pendants.*

C'est à Frédéric de Blanquenheim que sont dédiées plusieurs Chroniques du Heraut Beyeren « Quondam Gelre » comme on peut le voir dans notre préface du Tome 1er.

6. — G. Van Vernenborch. — Comte de Vernenbourg.

Porte : *D'or à sept losanges de gueules*, 4 *et* 3. — Cimier, deux ailes armoyées de l'écu.

Se trouve ci devant avec un cimier différent.

7. — He van Valkensteyn. — Sire de Valkenstein.

Porte : *De gueules coupé d'or.* — Cimier, un chien basset entre deux étendards.

Annales de Trèves, T. 9, p. 834.

8. — H. Clas van Oudendorp. — Oudendorp.

Porte : *D'argent à l'écusson de gueules en abyme et un annelet de sable au franc canton.* — Cimier, deux oreilles aux émaux de l'écu.

9. — He Eppeinstein. — Sire d'Eppenstein.

Porte : *Chevronné d'argent et de gueules.*

Godefroy d'Eppenstein assista à la promulgation de la Bulle d'Or.

10. — He van Bits. — Sire de Bitche.

Porte : *D'or au lion de gueules, au lambel d'azur.*

Eteint dans la maison de Deux-Ponts.

11. — Dye Scenke van Erbach. — Les Échansons d'Erbach.

Portent : *De gueules coupé d'argent à trois étoiles de l'un en l'autre.* — Cimier, deux dents d'éléphant.

Un sire d'Erbach étoit au premier tournoi de 938.

12. Helpeinstein. — Helpensteyn.

Porte : *D'azur au chef d'or chargé d'un lion issant de gueules.*

Humbracht en donne la Généalogie.

PLANCHE X

1. — . . . . . . — . . . .

Porte : *Vairé d'argent et de gueules, au chef d'or chargé d'un arbrisseau de sinople.*

2. — WIMSBECH. — WIMSBECH.

Porte : *De gueules à six écussons d'argent posés* 3, 2, 1. — Cimier, un chien assis entre un vol banneret.

C'est une écartelure de Schomberg.

3. — WIMBERCH. — WINSPERG.

Porte : *De gueules à trois écussons d'argent*, 2, 1.

Dans Conrad Grunenberg, c'est Winsperg.

4. — VILDENBERH. — VILDENBERG OU VILLENBERG.

Porte : *D'hermines à l'écusson de gueules.*

Frédéric de Wildenberg était vice-magister de l'Ordre Teutonique en 1323.

5. — H. Boes van Waldec. — Sire Boos de Valdeck.

Porte : *De gueules à trois annelets d'argent en bande.*

On trouve la Généalogie dans Humbracht.

6. — H. Cenokin van Bormsheym. — Bormsheym.

Porte: *De gueules à sept losanges d'argent, 4, 3, en fasce.*

7. — H. Peter ven Eyck. — Pierre van Eyck.

Porte : *D'argent au créquier de sable.*

8. — H. Herman van Kerben. — Sire Herman de Carben.

Porte : *D'azur à la fleur de lys d'argent, au chef d'or chargé d'un lion naissant de gueules.* — Cimier, une boule surmontée d'un bouquet de plumes ou plumet.

9. — Wigant van Elffertshusen. — Wigant d'Efferts-husen.

Porte : *D'argent à trois roses de gueules posées en bande.*

10. H. Hans van Krieckinge. —Sire Jean de Crehanges.

Porte : *D'argent à la face de gueules.* — Cimier, un vol armoyé de l'écu.

Se trouve dans tous les Armoriaux de Lorraine.

11. — Die Bayer Boybrad. — Ceux de Bayer Boppart.

Portent : *Écartelé au 1 et 4 d'argent au lion de sable ; au 2 et 3 de gueules semé de croisettes recroisetées, au pied fiché d'or, au dextrochère revestu d'argent, orné d'or, tenant une bague de même enrichie d'une pierre bleue.*

L'une des maisons les plus illustres de la Lorraine et du Rhin.

12. — .   .   .   .   .   —   .   .   .   .   .   .

Porte : *D'or au lion d'azur, armé et lampassé de gueules, à la face de même brochante sur le tout.*

13. — H. Evenraer Luesnigen. — Sire Evrard de Lossenich.

Porte : *De gueules, semé de croix recroisetées d'or, au dextrochère d'argent tenant une bague d'or, enrichie d'une pierre bleue.*

14. — H. Evenraer van Esch. — Sire Evrard d'Esch.

Porte : *De vair au chef de gueules, chargé d'un lion issant d'or.* — Cimier, une boule d'argent sommée d'un éventail de plumes.

15. — Daesbel. — Dagstul.

Porte : *D'or au sautoir de sable.*

PLANCHE XI

1. — Die Coninc van Behem. — Le Roy de Bohème.

Porte : *De gueules au lion léopardé d'argent, à la queue fourchue nouée et passée en sautoir, armé, lampassé et couronné d'or.* — Cimier, un double vol.

2. — He van Rosenberg. — Sire de Rosenberg.

Porte : *D'argent à la quinte feuille de gueules.*

3. — He van Benersteyn. — Sire de Biberstein.

Porte : *D'or à une perche de cerf de gueules.* — Cimier, la perche de l'écu.

Le Père Ménétrier, Le Laboureur, Solis, Grunenberg, ont parlé de cette illustre maison.

4. — He van Caldis. — Sire de Kolditz.

Porte : *Bandé de sable et d'or de six pièces, au chef d'argent chargé d'un lion issant de sable armé et lampassé de gueules.* — Cimier, une corne d'auroch et une perche de cerf.

XI

comt
bellan

Joh voſenbeuch   h v brueſtein   h v calvis

a y voirthem   y vſenberg   a y beulchbuch

h v michelbnit   olev puteleyn   Jco v ddre

5. — He van Berchgou. — Sire de Bergou.

Porte : *D'argent au barbeau volant de gueules, lié d'or.* — Cimier, le barbeau de l'écu.

Se trouve aussi dans Grunenberg.

6. — H. van Risenberg. — Sire de Rechenberg.

Porte : *Ecartelé au 1 et 4 d'argent au lion de gueules ; au 2 et 3 d'or à un rateau emmanché de sable.* — Cimier, un double vol.

Ce nom a été usurpé comme tant d'autres par des gens sans aveu, sans domicile, sans famille et sans nom, qui, au moment ou le Code Napoléon a été en vigueur, ont été forcés d'avoir un état-civil : Ils ont pris alors, tous tant qu'ils étaient, juifs, colporteurs ou mendiants, des noms de terre, de lieux ou d'anciennes familles, et sont devenus des Rechenberg, des Bœr, des Dietz avec ou sans monins, des Durlach et autres qui sont montés à l'assaut de la civilisation enregimentés en Franc-Maçonnerie.

7. — H. van Weertenberg. — Sire de Wartemberg.

Porte : *D'or party de sable.* — Cimier, un double vol.

Bucelinus donne un fragment de la généalogie de ces chevaliers, « grands échansons héréditaires » dit le Père Ménétrier.

8. — He van d'Upe. — Sire de Duppe.

Porte : *D'or à deux bâtons noueux de sable en sautoir.*

9. — He van Michelberg. — Sire Michelsperg.

Porte : *D'argent party de sable.* — Cimier, un double vol.

Au Concile de Constance figure Michelspurg.

10. — DYE VAN POTENSTEYN. — CEUX DE POTENSTEYN.

Portent : *De gueules à trois barres d'argent.* — Cimier deux perches adossées.

Ce sont probablement les Zampaen de Botenstein, en Bohême, a bien voulu m'écrire M. le comte de Oyenheusen.

11. — DYE VAN GEENSTEYN. — CEUX DE GENSTEEN.

Portent : *D'argent à deux têtes et cols d'aigles liés de gueules.* — Cimier, les deux têtes d'aigles. ··

12. — H. VAN LANSTEYN. — SIRE DE LANSTEIN.
Porte : *De gueules à la quintefeuilles d'argent.*

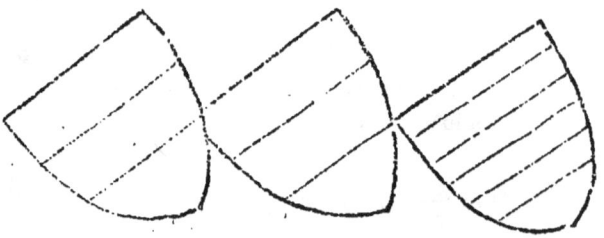

palacis
graue
van̄ vin

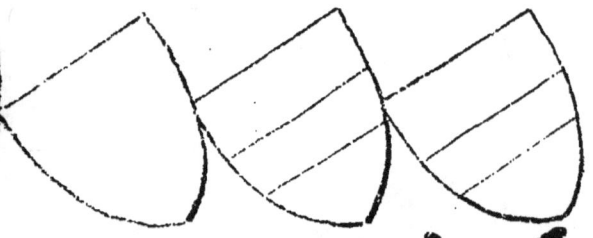

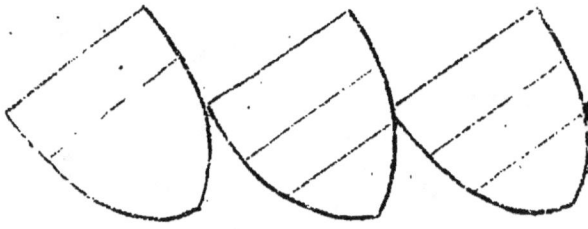

d' virhoodingen   d' clenger

PLANCHE XII

1, — Palaus Grave vanden Riin. — Palatin Comte
du Rhin.

Porte : *De sable au lion léopardé d'or, armé, lampassé et
couronné de gueules ; écartelé, fuselé en bande d'argent et
d'azur.* — Cimier, un lion d'or entre deux trompes d'éléphant.

C'est Rupert Ier ou Robert Ier, comte Palatin du Rhin.

Les neuf armoiries qui suivent ne sont pas de la main du héraut Gelre :
Les dates sont d'un siècle plus tard, c'est-à-dire de 1400 à 1450.

11. — D'Richordinger. — celui Richordinger.

Porte : *D'argent à trois panelles de sinople, 2, 1, au chef
de gueules.* — Cimier en pyramide surmonté d'un plumail.

12. — D'Clenger. — celui de Zenger.

Porte : *D'or au chef de sable, chargé d'une tenaille
d'argent.* — Cimier, un vol éployé.

PLANCHE XIII

6. — Han Cop. — Jean de Coppe.

Porte : *D'argent à la fasce de sinople.* — Cimier, deux cornes d'auroch, armoyées de l'écu.

Ces armes se trouvent aussi plus loin. C'est Witstatt, Hagenbach, ou Festenberg.

Pourquoi Gelre les a-t-il placées là seules, à ce rang? C'est la question des préséances.

die h̄
 agr vā
zassen

e bā zallen

brunswic

lunebourh

anhalt

9 bā rotenebouch

hoie

hanebuch

oldeborch

9 ū beuten

9 bā edebessem

wartbovrh

PLANCHES XV ET XVI

Les planches XV et XVI n'étant pas prêtes et de nouvelles recherches étant surtout nécessaires pour connaître les deux armoiries de Bruchusen qui s'y trouvent, nous renvoyons ces deux planches à la fin de l'ouvrage, dans l'intérêt des souscripteurs qui pourront les reporter ici, néanmoins pour faciliter aux amateurs des recherches qui leur seront agréables, et qu'ils s'empresseront certainement de nous communiquer, nous donnons ici ces deux armoiries, pour leur montrer que ces deux Brochusen sont bien d'origine saxonne. Nos investigations tendent à savoir s'ils sont les ancêtres des Brockhausen de Poméranie dont le *Herold* a parlé, dans son 1er n° de 1883, et dont les armes sont deux tiges de roses recourbées.

15. — G. VAN BRUCHUSEN. — COMTE DE BROCHUSEN.

Porte : *Fasce d'argent et de gueules de 4 pièces.*

3. — OUDE BRUCHUSEN. — VIEUX BROCHUSEN.

Porte : *Gironné d'argent et de gueules.*

PLANCHE XVII

3.   H. Henry van Veltem. — Sire Henry de Veltem.

Porte : *D'or à la face de sable, chargée de deux listes ou liteaux d'argent.* — Cimier, deux cornes d'auroch.

Arnoldus de Veltem vivait en 1332. *Galesloot.*

13. — Die van Manseloe. — Ceux de Mansloe.

Porte : *D'azur à un huchet burelé d'argent et de gueules.* — Cimier, un bust de vieillard.

Existaient encore au siècle dernier.

14. — Ian Buys. — Jean Buys.

Porte : *D'azur à la fleur de lys d'argent.* — Cimier, une fleur de lys d'argent garnie d'un éventail de plumes.

15. — Boneren. — Bonren.

Porte : *D'azur à une rose d'argent boutonnée de gueules.*

PLANCHE XVIII

1. — DIE MARCG VAN BRANDENBORCH. — LE MARGRAVE DE BRANDEBOURG.

Porte : *D'argent à l'aigle de gueules, becquée et membrée d'or, liée par les ailerons de même* . — Cimier , un vol chargé d'une rondelle de l'écu.

Le septième des Princes Electeurs de l'Empire.

8. — HANS VAN PANNWIIS. — JEAN DE PANWITZ.

Porte : *D'azur au chef party d'or et de sable.* — Cimier deux cornes de Buffle affrontées.

Nous disons que le chef est *party d'or et de sable;* nous croyons que sous *le sable*, il y avait primitivement du gueules, et nous le pensons d'autant mieux que dans Grunenberg il se blasonne : *d'argent party de gueules, coupé de sable* (au lieu *d'azur*).

PLANCHES XIX ET XX

1. — HERTOGE VAN BAYEREN. — DUC DE BAVIÈRE.

Porte : *Fuselé en bande d'argent et d'azur.* — Cimier, deux cornets adossés fuselés aux émaux de Bavière, embouchés de gueules.

Le P. Ménétrier dit que le cimier de Bavière est de deux cornets ou trompes de chasse. — Louis, Etienne, Guillaume, Albert, par la grâce de Dieu, Comtes Palatins et Ducs de Bavière, étaient aussi présents aux grandes assises de Nuremberg.

2. — DYE LANTGRAVE VAN LUTENBERG. — LE LANDGRAVE DE LEUCHTENBERG.

Porte : *D'argent à la face d'azur.* — Cimier un buste d'homme aux émaux de l'écu.

3. — DER MESSENHUSER. — LES MESSENHAUSEN.

Portent : *D'azur à la dolloire d'or.* — Cimier, un bonnet couronné sommé d'un plumail de sable. [L'azur du champ et la dolloire ont été refaits].

Voyez Linzinger, Hattstein et Bucelinus.

4. — H. HANS V. DEGENBERG. — SIRE DE DEGENBERG.

die
gpeneva
lureburch

mottenhulen

dy
buch

wu

biv
nuwer
buev

der

val
lenhue

der

van
waulwer

der

ha
rshirker

her

hae
gruf

der

Hen
wu

Porte : *D'argent au crequier de gueules arraché.*—Cimier, un bust d'homme.

5. — DER VROUWENHOVER. — LES FRAUENHOFEN.

Portent : *De gueules au pal d'argent.* — Cimier, un more de sable accorné d'argent. —

Dans Solis, c'est le blason de Frauenberger. La généalogie et sans Lazius.

6. — DER SATSENHOFEN. — SATZENHOFEN.

Porte : *Fascé de six pièces d'argent et de gueules.* — Cimier, une tête et col de chien armoyé de l'écu.

La famille existe encore.

7. — DER WALDAWER. — LES WALDAW.

Portent : *De gueules à la Tour d'argent, posée sur un triangle de même.* — Cimier, deux cornes d'auroch, sommées chacune d'une boule d'argent.

Dans Siebmacher, le triangle est devenu un tertre à trois coupeaux.

8. — DER HARSKIRCHER. — LES HARSCHKIRCHER.

Portent : *D'argent à une tenaille de gueules.* — Cimier. la tenaille de l'écu sommée de deux touffes de plumes.

Famille éteinte.

9. — HER HANS GRYF... — SIRE JEAN GREIFFEN.

Porte : *Pallé ondé d'argent et de gueules.* — Cimier, un bonnet en pointe sommé d'une boule.

Vivait encore en 1395.

10. — DER TSENGER. — DES ZENGER.

Portent : *D'or au chef de sable chargé d'une tenaille d'argent.*

———

PLANCHE XXI

1. — H. Conraert Vispech. — Sire Conrard de Wisbeck.

Porte : *D'argent à la bande de gueules, au chef de même.*
— Cimier, un bust d'homme, au bonnet sommé de plumes.
Dans Siebmacher, c'est un chef-bande.

Un Vispeck, George, fut tué à la bataille de Bastweiler, en 1371.

2. — Die van Vestenberch. — Ceux de Vestenberg.

Portent : *De sinople à la face d'argent.*—Cimier, une
tête et col de chien aux émaux de l'écu.

3. — Her Jan van Mesteyn. — Sire Jean vam Stein.

Porte : *D'argent à deux bandes de sable.* — Cimier, un
vol armoyé de l'écu.

Il y a dans Humbracht un autre Stein avec un lyon de gueules.

4. — Die Prisincer. — Les Preysing.

Portent : *Coupé crenelé de gueules sur or.*—Cimier, deux
cornes d'auroch affrontées.

5. — HER GRANS. — MESSIRE GRANS.

Porte : *Trenché d'argent à un filet de l'un de l'autre.*— Cimier, un vol armoyé de l'écu.

Dans Grunenberg, Grans v. Uttendorff porte ces armes et ce cimier.

6. — DER EYCKBERG. — LES EYCKBERG.

Portent : *D'or à la face de sinople, à un tertre à trois coupeaux de sable issant de la pointe.*

7. — DER VROUVENBERGER. — LES FRAUENBERG.

Portent : *De gueules au cheval gai d'argent.*
Un des quatre Chevaliers héréditaires de l'Empire.

8. — DER STEYNTBERGHER. — LES STEYNBERGHER.

Portent : *De gueules à la face perronnée d'argent.* — Cimier, une tête et col de buffle d'argent bouclé d'or.

Nous avons rencontré ces armes à l'Exposition Héraldique de Berlin, sous un autre nom ; et *d'argent* au perron *de gueules*.

9. — DER TSOERNER. — LES ZOERN.

Portent : *D'or au chef de gueules chargé d'une étoile de..* — Cimier, l'étoile du chef posée entre deux cornes d'auroch affrontées.

C'est Zorn de Bulach, dont la chronique d'Alsace a donné toutes les brisures, c'est-à-dire 31 cimiers et surnoms différents.

10. — . . . . . — . . . . .

Les armes sont effacées. Il ne reste qu'une couronne d'or; cela ne suffit pas pour rechercher le nom.

11. — DER COMMER. —

Porte : *De gueules au chef cousu de sable, au croissant renversé d'argent brochant.* — Cimier, un bonnet surmonté d'un croissant paré de plumes.

Ces armes ont été modifiées et ne sont pas de Gelre.

12 ET 13. — INACHEVÉS.

PLANCHE XXII

1. — DIE HTOGE VAN SWAVEN. — LE DUC DE SUABE.

Porte : *D'argent à une face de fusées de gueules.* — Inachevé.

Les Ducs de Souabe descendent de Charlemagne.

2. — G. VAN WIRTHENBERCH. — LE COMTE DE WIR-
TENBERG.

Porte : *D'or à trois cornes de cerf posées l'une sur l'autre de sable.* — Cimier, un huchet de gueules virolé d'or, lié [de sable].

L'Exposition héraldique de Berlin contenait entre autres merveilles un tableau généalogique de la maison de Wurtenberg.

3. G. VAN TSOLRE. — COMTE DE ZOLLERN.

Porte : *D'argent écartelé de sable.*

Se trouve déjà Planche XVI. — Voyez Henninge.

4. — DYE VAN ELREBACH. — CELUI D'ELREBACH.

Porte : *Ecartelé d'or et de sinople.* — Cimier, deux cornes de Buffle affrontées.

Burcard v. Elrebach était gouverneur des ducs d'Autriche à Fribourg en 1340.

5. — H. HANS v'BODEN. — SIRE JEAN DE BODMAN.

Porte : *D'or au bouc de sable.* — Cimier, un bonnet pointu sommé d'une queue de paon.

Étoit au Tournoi de Ravensbourg en 1311.

6. — DYE DROSSATEN. VAN WALPURG. — LE DROSSART WALPUBG.

Porte : *D'or à trois léopards l'un sur l'autre de sable, lampassés de gueules.*

Drossart, Truchses, Dapifer.— Hattstein donne 27 tableaux généalogiques de cette illustre famille.

7. DYE v. CONNINXECQ. — CEUX DE KOENIGSECK.

Portent : *Losangé en bande d'or et de gueules.* — Cimier un haut plumetis de gueules.

Adam de Konigsegk était au 18e Tournoi, en 1337.

8. H. JAN VAN SEHAIN. — SIRE JEAN DE SECHEN.

Porte : *Trenché d'or et de sable, l'or chargé d'une étoile de sable.*

9. —H. HANS v. WESENBACH.—SIRE JEAN DE VISENBACH.

Porte: *D'or party d'azur, au lion d'argent couronné et armé de gueules.* — Cimier, une tête et corps de cygne d'argent.

10. — RAMAU VAN KONIGSTEN. — RAMON DE KONIGSTEIN.

Porte : *D'or trenché de sable à une barre d'argent.*

Dam Grunemberg « von Kunhstein im Argo »

11. DIE V. KITTELITS. — CEUX DE KITTLITZ.

Portent : *Taillé au 1 d'or au demi-bouc issant de sable, lampassé de gueules ; au 2, bandé de gueules et d'argent de six pièces.*

12. — CLINGENBERCH. — KLINGENBERG.

Porte : *D'argent au chef de sable.* — Cimier une roue.

Bucelinus donne la généalogie de cette famille. — Parmi les Evêques de Constance, Henri de Clengenberg fut le 62e.

PLANCHE XXIII

1. HER ULRIC VAN OEMZE. — SIRE ULRIC D'HOHENEMS.

Porte : *D'azur au bouc d'or.* — Cimier, une tête et col de bouc.

Un Comte d'Hohenems épousa une Médicis. — Hattstein a donné leur généalogie.

2. — DIE V. RAEMSTEYN. — CEUX DE RAMSTEIN.

Portent : *D'or à deux bâtons fleurdelysés de gueules posés en sautoir.* — Cimier, une tête de vieillard.

Imerius de Ramstein fut évêque de Bâle en 1382.

3. — . . . . — . . . .

Porte : *De gueules party emmanché d'argent.* — Cimier, deux cornes d'auroch.

4. — BURKERT VAN BLUMEBERG. — BURKART DE BLUMBERG.

Porte : *De gueules à une face de vair.* — Cimier, une mitre.

18

5. — WILLEM VAN TOERN. — GUILLAUME DE THURN.

Porte : *Party d'argent et le sable à deux étoiles de l'un en l'autre.*

6. — WAGENBERCH. — WAGENBERG.

Porte : *D'or à un demi-lion ou lion issant de sable armé et lampassé de gueules.* — Cimier, un croissant.

7. — DER MONIC V. BASEL. — LES MUNCH DE BASLE.

Portent : *D'argent à un religieux dominicain, de sable, chaussé de gueules.*

8. — RINACH. — REINACH.

Portent : *D'or au lion de gueules, la tête d'azur.* — Cimier, un demi-lion d'or bardé de six pointes houssées.

Cette maison existe encore. Mais gardez-vous d'y comprendre un Juif qui fut le porte-plume de Gambetta.

9. — DER SCILDER. — CEUX SCHILTER.

Portent : *Party de sable et d'argent à deux compons abaissés du chef de l'un en l'autre.*

10. — DIE VAN BORNE. — CEUX DE BORN.

Portent : *D'argent à un croc de gueules.* — Cimier, le croc de l'écu.

Un Born fut le 72e évêque de Strasbourg.

21. — H. HENRIC V. HEERJUGHEM. — SIRE HENRI DE HORNLINGHEN.

Porte: *De sable à un huchet d'or, lié de gueules.*

12. — DYE HE V. G'PENSTEIN. — CELLES DE SIRE DE GREIFFENSTEYN.

Porte: *De sable au Griffon d'argent sur un tertre d'or.*

Frédéric de Greffenstein mourut en 1385.

13. — DER ST'KENBERGER. — CEUX DE STERKENBERG.

Portent : *Pallé de quatre pièces de gueules et d'argent.*

14. — EVERT VAN WEERT. — EVRARD DE WAERCH.

Porte: *De sable à deux haches adossées d'argent.*

———

PLANCHE XXIV

1. — COE...RAED VAN DE...OREN. — CONRAD DE

Porte : *D'argent à une cordelière de geules.*

2. — EGELÈINSTEIN. — EGOLSTEIN *ou* EGLENSTEIN.

Porte : *D'argent à une tête d'ours de sable, lampassée de gueules.*

Alliance de Gumpenberg.

3. — LOCHOU. — LOUCHA *ou* LUCHAU.

Porte : *De gueules à une gousse d'ail au naturel.*

4. — H. HANS V. GIICH. — JEAN DE GIECH.

Porte : *D'argent à deux forces de gueules.*

Dans Grunenberg, Giech a pour cimier un bust de Reine.

———

PLANCHES XXV ET XXVI

1. — BORCHGUE VAN NOREMBORCH. — BURGRAVE DE NUREMBERG.

Porte: *Ecartelé: au 1 et 4 contre écartelé d'argent et de sable, qui est de Zollern; au lieu de sable armé et lampassé de gueules, à la bordure componée de gueules et d'argent.* — Le cimier ayant été surchargé, nous ne pouvons le décrire.

2. — BISSCOP VAN WIRTSEBORCH. — L'ÉVÊQUE DE WURZBOURG.

Porte : *Coupé endanté d'argent sur gueules de trois pointes.*

3. — WURTSEBORG. — WURTZEBOURG.

Porte : *D'azur au Gonfanon écartelé d'or et de gueules.*

4. — SECCENDORP. — SECCENDORF.

Porte : *D'argent à une branche de tilleul ou de lierre passée en sautoir de gueules.*

5. — Scovenberg. — Scoenberg.

Porte : *D'or à l'écu de gueules en abyme ou en cœur.* — Cimier, un vol.

Siebmacher écrit *Schonperg.*

6. — H. H. ma v. Hovisel. — Sire Herman de Hohenvisel.

Porte : *De sable à six croisettes au pied fiché d'or, au chef endanté d'argent.* — Cimier, un vol armoyé de l'écu.

Judith de Hohenvisel épousa Jean Weiss de Fewerbach. *Bucelinus.*

7. — H. Jan van Lynden. — Jean de Lynden.

Porte : *De gueules à trois panelles en payrle d'argent.* — Cimier, deux dents d'auroch.

Se trouve dans le Hessische Wapenbuch.

8. — H. Henri van Viseleben. — Sire Henri de Vitsleben.

Porte : *Chevronné-renversé d'argent et de gueules.* — Cimier, deux touffes de plumes emmanchées

Hattstein a donné une partie de la généalogie.

9. — H. Jan van Leuwenstein. — Sire Jean de Levenstein.

Porte : *De sable au lion d'argent.* — Cimier, deux cornes d'auroch affrontées d'argent.

La généalogie dans Humbracht remonte à 1261.

10. — H. Jan van Bicken. — Sire Jean de Bickem.

Porte : *D'or à trois loʒanges de gueules posés en bande.*—
Cimier, tête, et col d'âne aux longues oreilles.

11. — H. Otto v. Sclewen. — Sire Othonde Scleiben.

Porte : *D'or à la fasce échiquetée d'aʒur et d'argent de
trois tires.* —ᵕ Cimier, deux trompes d'éléphant.

Le Comte de Schleider, à Rackith, porte toujours ces armes.

12. — Her Vrederic Vaelpot. — Sire Frédéric de
Waldpot.

Porte : *Gironné de dix pièces d'argent et de gueules.*—
Cimier, un buste d'homme au naturel, coiffé et vestu aux
émaux de l'écu.

Henry de Walpot fut Grand-Maître de l'Ordre Teutonique. — La
généalogie se trouve dans Humbracht.

PLANCHE XXVII.

1. — DYE V. SANSHEM. — CEUX DE SEINSHEM.

Portent : *Pallé d'argent et d'azur de six pièces.* — Cimier, un roy nègre-rouge couronné.

Michel de Sainsheim épousa Nesa de Bickenbach vers 1360.

2. — BRUNEG. — BRUNEGGE, BRAUNECK.

Porte : *D'argent à deux léopards l'un sur l'autre de sable armés et lampassés de gueules, la queue entre les jambes.* — Cimier, deux cornes d'auroch affrontées et bardées de *six feuilles de chêne.*

C'est Hohenloeh. Il est ci-devant avec un autre cimier.

3. — H. SIVERT V. LANGUENAU. — SIRE SIVERT DE LANGUENAU.

Porte : *De gueules à la bande d'argent.* — Cimier, deux cornes d'auroch.

Maison éteinte.

4. — H. STAETS V. MOURION. — SIRE D'EICHSTETT.

Porte : *D'azur à trois fleurs de lys d'argent.*

5. H. Jan v. Cramporch. — Sire Jean de Cramporch.

Porte : *De gueules semé de billettes d'or, à la bande d'argent brochante.* — Cimier, une tête et col de poulain.

6. — H. Hans van Wenkem — Sire Jean Wencheim.

Porte : *D'or à deux ailes adossées l'une de sable, l'autre de gueules.* — Cimier; les ailes de l'écu.

7. — Dye v. Oyctenbech. — Ceux d'Oytenbach.

Portent : *D'argent à la face de gueules et une bordure d'azur.*

Ces armes ont passé à Rathsamhausen.

8. — Votwiin v. Masbach. — Wortwin de Maesbach.

Porte : *Party d'argent et de gueules, chappé de l'un en l'autre.*

Ne pas confondre avec Mosbach, dont Humbracht a donné la généalogie.

9. — Rosenberg. — Rosenberg.

Porte : *Coupé-pallé contre-pallé de six pièces d'argent et de gueules.* — Cimier, une rose d'or entre deux cols de cygne.

Cette rose du cimier annonce une parenté avec les Rosenberg de Bohème.

11. — Dye v. Kokerets. — Ceux de Kokeritz.

Portent : *Party d'azur et d'argent, l'azur chargé de fleurs de lys d'or.* — Cimier, deux cornes d'auroch adossées.

Les descendants habitent la Silésie.

12. — Die v. Hattensteyn. — Ceux de Hattensteyn.

Portent : *Bandé d'argent et de gueules de six pièces.*— Cimier, un vol aux émaux de l'écu.

13. — Lanteg. — Lanther.

Porte : *D'or à l'aigle de sable, membrée et engueulée de gueules à un crancelin de même en bande brochant sur le tout.*

14. — H. Jan v. Spanen. — Sire Jean de Spanheim.

Porte : *Echiqueté d'or et de gueules, au franc quartier d'"argent chargé d'un pot de sable.*

Pour exciter la curiosité des amateurs, nous avouerons n'avoir rencontré nulle part ailleurs ce franc quartier.

PLANCHE XXVIII

1. — RODENSTEYN. — RODENSTEYN.

Porte : *D'argent à trois douloires de gueules.* — Cimier, une tête et col de cygne de gueules entre un vol d'argent armoyé de l'écu.

Les deux armoiries suivantes n'ont pas été placées ici par Gelre. Il est facile de s'en apercevoir à l'écriture et au dessin.

2. — DIETRICH VA MEINGERSREUT. — DIETRICH DE MENGERSREUT.

Porte : *De gueules à un licou d'argent.*—Cimier, un bâton houppé entre deux cornes houppées aussi.

3. — FRIDRICH VA MEINGERSREUT. — FRÉDÉRIC DE MENGERSREUT.

Porte : De même que le précédenf, avec une légère diffé-rence dans le cimier.

PLANCHE XXIX

15. — SERPENSTEIN. — SCHARPENSTEIN.

Porte: *D'argent à la face de sable, accompagnée de trois billettes de même.* — Cimier, deux demi-vols en aigrette.

C'est Kraft de Scharffenstein qui ordinairement porte en son écu un plus grand nombre de billettes.

PLANCHE XXX

1. — DYE BISSCOP VAN HILDEVESEN. — L'ÉVÊQUE
   D'HILDESHEYM.

   Porte: *Party d'or et de gueules, à l'écu de Berg sur le
   tout, qui est d'argent au vol abaissé de gueules lié d'or.*

   C'est le 39ᵉ évêque, Gérard de Berg, 1364.

2. — DIE G. VAN WOLDENBERG. — LE COMTE DE WOL-
   DENBURG.

   Porte: *D'argent au lambel de gueules à six pentes, posé
   en bande.*

   Le comté de W. fut transféré aux évêques d'Hildesheym en 1384.

3. DIE G. VA HADMARSLINE. — LE COMTE D'ADELMANN.

   Porte: *D'argent au lion de gueules armé et couronné
   d'azur.*

   C'est la maison Adelmann de Adelmansfeld.

4. — DIE VAN DESTENBERG. — CEUX DE STEINBERG.

   Portent: *D'or au bouc passant de sable ayant la lumière
   de gueules..* — Cimier un demi-bouc de l'écu.

5. — DIE CRAMME. — LES CRAMME.

Portent : *D'or à deux faces de sable.*

6. — DIE VAN REDEN. — CEUX DE REDEN.

Portent : *De gueules à trois fleurs de lys d'or.*

7. — . . . . — . . . .

Porte : *Fascé de quatre pièces de gueules et d'argent.*

Ce doit être une autre maison de Reden.

8. — DIE VAN ESTORP. — CEUX D'ESTORP.

Portent : *D'argent à la fleur de lys de gueules posée en face.*

Dans Sibmacher les émaux sont intervertis.

9. — VIRBERGEN. — WETBERG.

Porte : *D'or à un demi dragon éployé (de sable) sanguinolent et lampassé de gueules.*

Au Tome III de Hattstein, on voit un Wettberg alliance de Bismarck Nous n'avons pu vérifier les armes.

10. — HAERTBULSEN. — HARBOLSEN.

Porte : *D'or à la bande d'azur besantée d'argent.*

Un des feudataires de l'abbaye de Gandersheym.

11. — PRUNEN. — PROME.

Porte : *De gueules au croissaut d'or.*

Un des feudataires de l'abbaye de Gandersheim.

12. — H. ARNT VAN DOETSEM. — SIRE ARNOLD DE DOETZ.

Porte : *D'argent à la bande entée-appointée de sable et [d'argent] de trois pointes.* — Cimier, deux demies rondelles garnies de plumes.

Florinus de Dalem et Eifardus de Dotzemm en 1351, « suscipiunt advocatum in Bruggem et Bantelm.

die
comē
vā vvane
vile

PLANCHE XXXI

.

Porte : *D'azur à trois fleurs de lys d'or.* — Le heaume d'argent, de profil, la couronne d'or, le chaperon ou volet d'azur semé de fleurs de lys d'or, rebrassé d'hermines, et pour cimier une grosse fleur de lys d'or fichée dans le bonnet en pyramide, armoyé comme le volet.

La fleur de lys du cimier n'a pas quatre angles, comme celle des Ducs d'Anjou et de Bourgogne qui viennent cy-après ; le Duc de Berry seul porte en cimier la simple fleur de lys comme le Roy. — Les *trois fleurs de lys* de l'écu montrent que c'est le Roy Jean qui a réduit ce nombre à trois, pour l'écu Royal : les autres princes gardent le *semé de fleurs de lys* antérieur.— De toutes les origines de ce Blason de France, la plus naturelle est celle que rapportent Fauchet et le Père Anselme : c'est que « les Francs ou Sicambres, sortis des marais de la Frise, vers le Pays de Hollande, prirent pour symbole ou pour armes la fleur de Pavilée qui est un petit *lys jaune* qui croît dans les marais de ce pays, en champ *d'azur* semblable à *l'eau*, laquelle étant reposée prend la couleur du ciel. »

Le Cry d'Armes du Roy de France est *Montjoie Saint-Denis ! Saint-Denys à la rescousse !* — « L'ancien Cry de guerre des Roys de France, *Montjoie et Saint-Denys*, est un Cry de ralliement, dit le Père Ménétrier. On a fait quantité de fables à l'occasion de ce Cry. Les uns veulent que ce soit une invocation de Clovis, d'autres un Cry de joie : non. *Montjoie* en vieux langage estoit un monceau de pierres pour montrer les chemins. La Bannière de Saint-Denys marquoit la marche de l'armée : quand elle

20

marchoit, l'armée marchoit ; quand elle s'arrêtoit, l'armée s'arrêtoit : au ralliement on se rendoit autour de cette bannière. Les Ducs de Bourgogne ont fait la même chose de l'image de Saint André, et ils crioient : *Montjoie Saint-Andrieu,* et quand le Duc y estoit en personne, ils croient *Montjoie au Noble Duc,* pour se rendre auprès de la personne du Duc. Les Ducs de Bourbon cryoient *Montjoie-Notre-Dame,* à cause de l'image de Notre-Dame qu'ils portoient dans leurs drapeaux. Berry, le héraut, dit : « Cryent tous *Montjoie* ceux qui sont *de la Fleur de Lys* ». On ne laissa pas de continuer le Cri de Guerre lorsqu'on ne portoit pas la Bannière de ce Saint ». *Ménétrier.*

Toujours en avant, toujours à l'avant-garde, Montjoie ! c'est-à-dire, là-bas ! La bannière vous montre le chemin, suivez-la.

Qu'elle était cette bannière fleurdelysée ? Question de couleur bien souvent controversée par des ergoteurs et des ignorants : Quelle était la couleur des Roys de France ? On trouve partout dans les vieux auteurs, les vieux blasonneurs, les vieux hérauts, nos vrais historiens puisqu'ils notaient tout ce qu'ils voyaient, que le manteau royal semé de fleurs de lys d'or, ainsi que le drapeau du Roy et la cotte d'armes du héraut Montjoie semés de fleurs de lys d'or, étoient de *veloux violet*: c'était une belle couleur d'un *bleu-pourpré*, d'un bleu foncé *aux reflets violacés* : « Elle estoit de simple cendal de couleur de flamme d'or, qui a la splendeur rouge ». — Cette bannière bleu-pourpre était la Bannière de la Nation. Quand elle marchait, la Nation marchait. A l'ombre de ses plis la Nationalité Française a été triomphante, s'est développée, a dominé le monde « de la Frise aux Pyrénées, du Rhin à l'Océan » : Cela a duré quatorze cents ans.

Cette Bannière, cet Ecu fleurdelysé, ces Armoiries, que le héraut Gelre a peintes ici, représentent le Roy Jean II, surnommé *le Bon,* une des figures les plus chevaleresques et les plus sympathiques de l'histoire : « Joannes, Dei gratia, Francorum Rex », le Roy des Francs, la Nation armée, le Chef de « l'Empire François ». Toutes les chroniques sont remplies de sa vaillance. Il naquit au château du Gué de Mauny, *mal-nr, mauvais nid,* le jeudi 26 avril 1319. — Le Roi Philippe de Valois, son père, le fit Chevalier le jour de Saint-Michel 1332. Quand il prit les rênes de l'Etat, la Patrie était en danger. Son père avait été vaincu à Crécy. Edouard III, possesseur de la Guyenne, du chef de sa mère, prétendait être « Roy de France et d'Angleterre », et nous étouffait par le nord et par le midi :

son fils, le Prince de Galles, dit le *Prince Noir*, avançait par le Poitou et l'Anjou jusqu'aux portes de Paris. Voulant le refouler, le roy Jean fut vaincu à Poitiers.

Jean était « grand et fort et hardi Chevalier. » Il combattit pied à pied, d'une hache qu'il tenait, sans reculer, blessé, plein de sang, ayant un de ses fils à ses côtés, et les Chevaliers hachés autour de lui. Il fut prisonnier, enfermé à la Tour de Londres, portant le poids de nos désastres, ceux de son père et les siens. Au fond il était débonnaire, ce qui le fit surnommer *le bon,* sans dissimulation, franc et loyal « sur tous les princes de son temps. »

Son fils aîné, Charles, Dauphin et Duc de Normandie, fut Régent au milieu des factions. Doux et surnommé *le Sage,* « aimé des bourgeois et du peuple, » il n'a trouvé de détracteurs que de nos jours, c'est-à-dire cinq siècles après lui. C'est aux pieds du Dauphin Charles que le banquier Étienne Marcel, Prévôt des Marchands, usurier, Juif ou Lombard, fit assassiner deux des Maréchaux qui avaient défendu la patrie, — et il s'est trouvé parmi nous des écrivains et des peintres assez insensés pour glorifier ce crime.

Écoutez les leçons de l'histoire et ouvrez les yeux. Sans le courage du Roy Jean et la fermeté du Dauphin Charles, la France était rayée du rang des nations : ce n'eût plus été qu'un groupe de provinces sous la domination de l'Anglais. Jean résista sans cesse à l'adversité ; il paya de sa personne, il lutta corps à corps ; il se redressa contre ceux qui abandonnaient la cause de la France et léchaient la botte de l'Anglais. Voyant que « chacun tirait à soi », que la révolte et la trahison étaient partout, il fut quelquefois féroce et dut l'être. Chacun voulait être maître, et nous avions trois Rois prêts à prendre sa place : — Edward III avec des Barons de Bretagne et de Normandie, sans compter les Flamans vendus aux Anglais pour « quelques sacs de laine » par cet autre usurier, cet espèce de Juif qu'on appelle Artevelde ; — Le Roy de Navarre, à qui Etienne Marcel envoie le fruit de ses extorsions : car Marcel tond le peuple et demande *un Roy à soi* pour sauver sa situation ; — enfin le troisième, il faut bien le dire pour comprendre les évènements, c'est le Dauphin lui-même qui, sentant le besoin de prendre de l'initiative, non comme Régent, mais comme Maître, Chef et Roy (son père le gênait), rêva, dit-on, de faire abdiquer son père et de se proclamer Roy. C'eut été un coup d'audace que les évènements semblaient nécessiter ; mais le Dauphin Charles, (on n'aime pas les prudents et les sages), fut prudent. Si ce point n'a jamais été bien éclairci, cependant, quoiqu'il n'y eut pas tentative, il y eut néanmoins un commencement de conspiration. Le document qui a révélé les *intentions* du Dauphin est « la Rémission ou Abolition au fils du Roy Jean et au Roy de Navarre, son gendre, et *autres grands Seigneurs* comme criminels de Lèze Majesté en janvier 1355. » Le voyage prémédité du Dauphin Charles vers l'Empereur d'Allemagne Charles IV, son oncle, avait pour but de s'entendre avec lui. C'est du moins ce que découvrit le Roy Jean [il avait des espies dévoués], et ce que ne nia pas le Dauphin. Nous possédons une copie de ces Lettres de Rémission que M. Kervin a publiées sans donner le nom *des autres grands Seigneurs*. — Et pour bien comprendre l'état de la France, dans ces heures troublées comme celles où nous sommes maintenant, qu'on veuille bien se reporter à notre Tome III, pages 170 et suivantes, et relire ce que nous disons de la mort du Petit Roy Jean Ier, sous le nom de Jean Devereux. Il ne faut pas oublier non non plus la version de Zantfliet et de Gilles Le Bel d'après laquelle le Roy Jean mourut des blessures que lui fit un Anglais.

Pourquoi reprocher à ce monarque d'avoir été ferme et dur ? Il avait été l'un des Pairs juges du Comte d'Arthois qui appela l'Anglais en Ponthieu ; il avait été défié par le Comte de Haynaut, l'allié des Anglais ; il avait battu et fait prisonnier le Comte de Montfort qui avait introduit les Anglais en Bretagne. Les Anglos-Navarrais rançonnaient les trois-quarts de la France. Le Roy de Navarre, Charles *dit le Mauvais* et qui était un scélérat, recevait à St-Denys, aux portes de Paris, les trésors d'Etienne Marcel. La Jacquerie, une vraie Commune, mêlait ses horreurs aux invasions de l'étranger : Doit-on s'étonner alors que ce Roy, averti, preuves en main, par un mari dont Edouard III avait violé la femme, soit tombé comme la foudre à Rouen, ait fait cerner l'hôtel où les conspirateurs étaient à table, en train de capter le Dauphin, et se soit contenté de faire *enlever*, d'empoigner lui-même pour ainsi dire, le chef des traîtres, le comte d'Harcourt, et de l'avoir envoyé au gibet ? Il n'eut qu'un tort, c'est d'avoir épargné le Roy de Navarre. Il en aurait délivré son fils.

Le Roy de Navarre avait fait assassiner le Connétable Charles d'Espagne, et poussé Etienne Marcel à se débarrasser des Maréchaux de Champagne et de Normandie qui gênaient ses mouvements et ses trahisons. Il voulait s'emparer de Paris pendant la prison du Roy Jean L'histoire est là dans sa naïve familiarité. Ecoutez donc Froissart :

« Le Prevos des marchans et ceux de sa secte, visitoient souvent le Roy de Navarre qui se tenoit à Saint-Denis, et lui remontoient tellement et doucement le péril où ils gisoient, dont il étoit cause, car ils l'avoient de prison délivré et à Paris amené et l'eussent volentiers fait leur Roy et leur gouverneur se il peuissent et avoient consenti la mort des dessus dits qui furent occis au Palais à Paris... Le Roy de Navarre dit : Certes seigneurs et amis, quand vous avez de présent le Gouvernement de Paris du tout en tout, je conseille que vous pourvuyez d'or et d'argent monnayé et autrement de vaisselle et de joyaux par telle manière que si le besoin vous venoit, vous le puissiez à toute heure retrouver, et l'envoyer ici hardiment à St-Denis sur la fiance de moy : Je vous le garderay et entretiendray toujours et feray pourvéance secrettement de bonnes gens d'armes et compagnons dont au besoing vous pourrez faire bonne guerre à vos ennemis. » Ainsy fist depuis le Prevos des Marchans, car toutes les semaines deux fois faisait mener deux sommiers, (bêtes de somme) *chargés de florins* à St-Denys devers le Roy de Navarre, qui les recevoit moult liement ». — *Froissart.*

Quelle liesse, en effet ! Ajoutez à ce tableau que Marcel possédait la terre de Ferrières près de St-Denis appartenant aujourd'hui aux Rothschild.

La conduite d'Etienne Marcel est-elle assez claire ? Encore un peu plus de lumière, s'il vous plaît. Il faut que la trahison aille jusqu'au bout ; racontons la.

Les Soudoyers anglais que le Roy de Navarre promet à Etienne Marcel pour l'égorgement des Parisiens, ne sont un mystère pour personne :
— « Or avint, ajoute Froissart, que il estoit demoré en Paris grand fuison de soudoyers anglais et navrois que le Prévos des Marchans et li Communauté de Paris avoient retenus à gages. Il s'emeut *un débas* entre eux et ceux de Paris : on en tua et on en prist : « Quant ce vint à la nuit, le Prévos des Marchans qui volt complaire à ces Englès et Navarrois, leur eslargi leur prison et les fist délivrer et aler leur voie. Si s'en vinrent devers le Roy de Navarre à Saint-Denis, qui les retint tous ». On voit que l'émeute grondait.

Les Anglo-Navarrois continuant à *haryer*, écharper les Parisiens, ceux-ci requirent Etienne Marcel de les armer pour guerryer : Marcel leur accorda, leur dit qu'il iroit avec eux et leur tendit un guet-à-pens à Montretout. Je dis *Montretout*, lisez bien : « Quant ils furent aux champs, ajoute encore

Froissart, ils entendirent que ces Englès se tenoient devers Saint-Cloud...
Si se avisèrent qu'ils partiroient en deux parties et prendroient deux chemins
afin qu'ils ne puissent *escaper*, eschapper. Si se tournèrent tout le jour
environ Montmartre et rien ne trouvèrent... Li Prévos rentra à Paris par
la Porte Saint-Martin, (avec une des deux parties) , l'autre ne sachant rien
du tout du retour du Prévos, se mit de retour sur le vespre tout lassé,
et avoient pris le chemin pour rentrer dans Paris par la porte Saint-
Honnouré : Si trouvèrent de rencontre ces Englès au fond d'un chemin,
qui estoient bien 400. » Ces Englès tombent à bras raccourcis sur les
Parisiens qui « se laissoient occire et decoper ensi que bestes et rafuioient
qui mieulx mieulx et en y eut morts plus de 700... et disoient que *il* (Marcel)
les avoit trahis ».

C'est bien l'histoire d'hier. Voyons celle de demain ; c'est toujours
Froissart qui raconte :

« Certains tretiés et accord secretement faits et pourparlés. li Prévos des
Marchans et cil de sa secte devoient une nuict ouvrir les portes de Paris et
laisser entrer dedans ces gens d'armes Englès et autres, et devoient courir
toute la cité, occire hommes et femmes sans pitié, excepté ceux et celles
ès-maisons ou ung signe de croix devoit estre fait. Cette mesme nuict que
cela devoit arriver, Dieu inspira et éveilla quelques bourgeois de Paris qui
estoient de l'accord dou Ducq, desquels Jehan Maillard et Symons son
frère, messire Pépin des Essars et Jehan de Charny estoient chefs. Ils
s'armèrent et firent armer tous ceux de leur costé... ; prit, ledit messire
Pépin, *la grant banière de France*, en criant : *au Roy et au Duc !* et les
suivoit le peuple, et vindrent à la porte Saint-Anthoine, un petit devant
mienuit, et trouvèrent ledit Prévos des Marchans qui tenoit les clefs de la
porte en ses mains. Et illec fut ledit Prévos argué : Estienne, que faites-
vous ci à ceste heure ? Li Prévos respondi : Jehan, à vous qu'en monte dou
savoir ? Je suis ici pour prendre garde à la porte et à ceux de la ville dont
j'ai le gouvernement. — Par Dieu, respondi Jehan Maillars, n'estes ci à ceste
heure pour nul bien, et je vous le montre, dist-il à ceux qui estoient dalès
lui, comment il tient les clefs des portes en ses mains pour trahir la ville.
Li Prévos des Marchans s'avança et dist : Vous mentès ! — Par Dieu,
respondi Jehan Maillard, c'est vous, Estienne qui mentès ! Et tantost feri
à lui et dist : « A mort ! à mort ! tout homme de son costé, car ils sont tous
traîtres ! » Et Jehan Maillars le feri d'une hache en la teste et l'abattit à
terre, et ne se parti de luy jusques à tant qu'il fu occis et six de ceux qui là
estoient..... »

Et c'est le nom de ce scélérat qu'on a donné à une grande artère de Paris ! Et c'est à ce monstre qu'on élève une statue, une statue équestre ! La folie révolutionnaire n'a vraiment pas la conscience de son aberration et de son abaissement.

Ce n'est guère que depuis un demi-siècle qu'on a tenté de réhabiliter cet infâme Prévot, en le présentant comme le précurseur de la République ; et la secte criminelle qui depuis cent ans est sortie des bas-fonds de la Société comme la lie monte à la surface, a pris Etienne Marcel pour modèle et en a fait un héros ! En vérité, la tradition du mal dans le monde a d'effroyables effets. Le retour des mêmes crimes, à cinq siècles de distance, nous fait assister à un étrange spectacle : La France s'affaisse et sa ruine est proche. La Franc-Maçonnerie, la secte, qui depuis 1789 préside à tous les forfaits, comme Comité de Salut Public ou de Police Municipale, nous trouve impassibles, hébétés et muets. Une poignée de bandits, une bande de truands, escaladant le pouvoir dans un jour de revers, est entrain de faire main-basse sur la fortune publique, comme au temps du Prince Noir et des Grandes Compagnies ; et pour que la similitude soit complète, la vie nationale est anéantie et la Patrie livrée, pieds et poings liés, aux Juifs et à l'Etranger.

Mais, ne l'oublions pas, des Malheurs du Roy Jean est sorti Du Guesclin, et des Larmes de Charles VI est née la Pucelle. La France attend. — La race des Marcel n'a pas de durée.

O toi qui portes le nom de la France adorée, — Maison de France, — je te salue. Tu es l'avenir et tu es l'espérance. Tu résumes la patrie grande et forte. Tu représentes la race, la terre, le sol, la couche des générations accumulées, l'ensemble des familles françaises, inébranlables et unies, alliées et écartelées de siècle en siècle, jusqu'à la fin de la patrie, finis Galliae. O Maison de France, type unique dans l'histoire du monde, tu as laissé élever contre toi un mur de sable et de boue. Tu as contre toi ton honnêteté, ta grandeur, ta pureté, ta vertu. On t'accuse, on te combat, on t'insulte, on te calomnie ; on t'oppose même ta vertu, ta grandeur, ton honnêteté, ta valeur, ton courage, ton dévouement ; et ton prestige est tel cependant que tes ennemis les plus scandaleux et les plus tarés, en te reprochant ta pureté, ont pour toi une secrète admiration : ils sentent, ils comprennent que demain, si le mur de sable et de sang qu'on t'oppose, tombait, — dans ta vertu, dans ton amour, dans sa grandeur, tu embrasserais tes ennemis mêmes dont l'arme tombe déjà des mains à demi.

Pauvre Maison de France, si loyale et si pure, qui fait fondre les cœurs à force de loyauté, tu ne réussis pas à te relever parce que tu n'as pas de ces martyrs vulgaires qui font impression sur le peuple et l'entraînent. Tu n'as que de froids raisonneurs ; tu es aveuglée et trompée par tes intendants, tes banquiers, tes manieurs d'argent, ces opportunistes : pas un n'a autour de toi assez d'audace pour imprimer un élan qu'attendent les cœurs généreux : les hommes de bien ne suffisent pas au milieu des générations corrompues.

delfijn

PLANCHE XXXII

DELFFIN. — DAUPHIN.

Porte : *D'or au dauphin d'azur, langué, oreillé, miraillé de gueules.* — Le heaume d'argent de profil, le volet découpé de... [inachevé].

Les fils aînés de France portent le nom de *Dauphin*. Ici, c'est Charles, fils aîné du Roy Jean, et ce fut lui le premier qui porta ce nom de Dauphin de France Il monta sur le trône en 1364 sous le nom de Charles v. — Cette planche a donc été peinte de 1355 à 1364.

Quand Hubert, Dauphin de Viennois, ne pouvant résister au Comte de Savoie, du consentement du peuple de son pays, céda sa terre de Vienne au Roy Jean, le Roy Jean dut prendre le titre de Dauphin pour le transmettre à son fils Charles, et cela explique pourquoi Froissard donna à Jean « le titre de Dauphin de Vienne ». C'était une prise de possession. — Charles, comme Dauphin, n'a pas ici de cimier, parce qu'il est Régent. Le cimier des Dauphins, qu'on trouve dans les vieux manuscrits était un dauphin de l'écu engoulant le heaume.

Il fut sage et délié. Il était bon et doux, mais il était ferme. Il avait combattu à Poitiers, où son père lui fit quitter le champ de bataille ; il avait vu les Barons prets à se rendre indépendants c'est-à-dire à démembrer la Patrie ; il avait été couvert par Marcel du sang des Maréchaux ; il se sentait enlacé par Charles de Navarre, le mauvais génie de la France. Il fut forcé de confirmer le traité de Brétigny : mais il s'appuya sur Du Guesclin dont il fit la grandeur, qu'il créa connétable et duc de Longueville, avec qui il reprit l'offensive et commença la délivrance du territoire. Nous avons vu dans le manuscrit 14912 de la Bibliothèque de Bourgogne l'exposé des

21

ravages continuels commis par les anglais au mépris du traité de Brétigny et nous comprenons combien le Dauphin devenu Roy voulut tenter une descente sérieuse en Angleterre qui n'aurait jamais dû n'être qu'une colonie française.

Rappellerons-nous que ce Prince fut le protecteur des Lettres et que sa Bibliothèque de la Tour de Louvre fut le commencement de notre grande Bibliothèque de la rue Richelieu. Nous répéterons cependant qu'il fut vanté par Pétrarque et pleuré par Christine de Pisan ; qu'il fut l'âme de la Patrie et releva la gloire militaire de la France ; qu'il fut enseveli à St-Denis. auprès de Du Guesclin et que leurs tombes, leurs saintes dépouilles ont été violées, en 93, par des ennemis du nom français.

PLANCHE XXXIII

3. — AENYOUWEN. — ANJOU.

Porte : *D'argent à la croix potencée d'or cantonnée de quatre croisettes de même, qui est de Jérusalem, party d'azur semé de fleurs de lys d'or à la bordure de gueules et un lambel de trois pentes de même*, qui est d'Ajou-France. — Le heaume d'argent taré de front, le mantelet ou camail semé de fleurs de lys d'or, la couronne d'or, et pour cimier une fleur de lys à quatre angles, dite double fleur de lys et sur chaque angle de la fleur une houppe de gueules.

Le Duc d'Anjou, dit Ménétrier, crie : *Saint-Maurice !* — Les Princes du sang, dit le héraut Berry, portent en tymbre la fleur de lys double, houppée de chacun d'eulx de la couleur qu'ils portent en leur devise ; et crient tous *Montjoie* ceux qui sont descendus de la Fleur de lys.

Monsiegneur Loïs, qui depuis fut *duc* d'Ango, lors s'appelloit *conte* de Poitiers d'Ango et du Maine. — 1356. *Froissart.* — Christine de Pisan a fait de lui le plus favorable portrait. Il détestait le Roy de Navarre et les Anglais, et fit saisir un manuscrit des Chroniques de Froissart destiné au Roy Edward III. — Il fut otage pour le Roy Jean et au bout de 18 mois, ayant demandé de venir ung jour en France, Edward le lui refusa : Le Duc arma une nef et s'enfuit. — Il fut adopté par la reine Jeanne de Naples. « Le Pape Clément le sacra et couronna à Roy de Cezille, de Naples, Prince de Kalabre et de Puille. » *Chr. des Valois* C'est lui qui a fait la seconde branche des Roys de Naples et de Sicile.

PLANCHE XXXIV

4. — BIRRI.　　　　　　 —　　　　　　 BERRY.

Porte : *D'azur semé de fleurs de lys d'or, à la bordure engreslée de gueules.* — Le heaume d'argent de profil, le volet d'azur semé de fleurs de lys d'or, le bourlet ou tortil de gueules et d'argent, et pour cimier une simple fleur de lys d'or avec deux houppes, une sur chaque angle.

Jean, Duc de Berry, troisième fils du Roy Jean. C'est entre ses mains que la ville de Poitiers redevint française en chassant l'Anglais. « Le dit Monseigneur Jean de France, à grant compaignie, ala chevaucier, les bannières déploiées devant la noble cité de Poitiers. Les bons bourgeois et citoyens de Poitiers qui estoient bons et vrais françoiz, quand ils virent les banières des fleurs de liz, les armes de leur souverain Seigneur le Roy de France, ilz prindrent à crier *Montjoie,* parmy la ville et cité de Poitiers... et mistrent hors les Angloiz...puis rendirent les clefz de la cité à Mgr le Duc de Berry ..et après se rendirent très grant nombre de villes et chasteaulx. 1372. — *Chr. des Valois.*

« Fu a moult fait d'armes, en Guienne et autre part contre les Anglois ; fu moult bel jouteur ; joli estoit, amoureux et gracieux ; sage en conseil, preudomme en fait. » *Christine de Pisan.* C'est pour lui qu'ont été faits ces admirables manuscrits que possède encore notre Bibliothèque Nationale à Paris : les *Grandes Heures du Duc de Berry* et les *Petites Heures du Duc de Berry*, ces joyaux de l'ancien Musée des Souverains.

5. — BORGONDIEN. — BOURGOGNE.

Porte : *Écartelé au 1 et 4, d'azur semé de fleurs de lys d'or à la bordure componée d'argent et de gueules ; au 2 et 3 bandé d'or et d'azur de six pièces, à la bordure de gueules,* ou, selon la vieille langue du XIVᵉ siècle, *les armes de France à une bordure bougonnée d'argent et de gueules, escartelées contre les armes de Bourgogne qui sont d'or et d'azur de six pièces à une bordure de gueules.* — Le heaume de vermeil, le bourlet de gueules et d'argent, sur une chappe armoyée du premier quartier et le volet du second quartier ; pour cimier une double fleur de lys d'or portant sur chaque angle une houpe de sable.

Philippe, quatrième fils du Roy Jean, né en 1341, fut d'abord duc de Touraine et son père lui retira ce duché pour l'investir du duché de Bourgogne le 3 juin 1364. Il commença la dynastie de la seconde Maison de Bourgogne, issue de la Maison de France. Il était encore enfant quand il combattit à côté de son père à la bataille de Poitiers et fut fait prisonnier avec lui : « onques ne relinqui son père ne fouy ; par quoy acquist lors le nom que puis ne luy chay, que on lui disoit Philippe *le Hardy*. » *Christine de Pisan.*

PLANCHE XXXV

6. HT. VAN TOREYNEN. — DUC DE TOURAINE.

Porte : *D'azur à trois fleurs de lys d'or au bâton de gueules brochant.* — Le heaume d'argent taré de deux tiers, la couronne de sable, le volet d'azur et pour cimier une queue de paon sortant d'un tuyau d'or.

Ce sont les armes de Philippe le Hardi avant d'être Duc de Bourgogne. — En 1336, Jean le 3e fils ci-dessus Duc de Bercy était Duc de Touraine porta aussi ces armes. C'est à cette date qu'il faut reporter ce passage de Froissart : « Le Roy de Franche qui tenus s'estoit à Rouen, Se party a tout grand foison de gens d'armes, et s'en vint à Chartres. Assés tos après y vinrent sy quatre fils, dont on faisait grant conte, Monseigneur Charles, Duc de Normendie et Doffiin de Vianne, Monseigneur Loïs, qui depuis fu *Duc* d'Ango (lors s'appelloit *Conte* de Poitiers, d'Ango et du Maine) Monseigneur Jchan, le tierc fils, qui depuis fut Duc de Berry, et lors s'appelloit Comte de Touraine, et Monseigneur Phelippes, le maisné, qui puis fut Duc de Bourgogne ; mais encore pour le temps de lors le Roy son père ne luy avoit point désigné de terre. »

7. — H. R. T. ORLIENS. — DUC D'ORLÉANS.

Porte : *D'azur semé de fleurs ' de lys d'or au lambel bougonné* c'est-à-dire *componé d'argent et de gueules.*

Le lambel componé qui lui sert de brisure est d'Orléans-Valois. Les Ducs d'Orléans ont porté depuis le lambel tout d'argent. — Dans les comptes

d'Estienne de la Fontaine, de l'an 1350, on lit : « Pour deux aulnes de velluiau vermeil et blanc à faire les lambeaux de l'armoirie », parce que les lambeaux d'Anjou sont de gueules et ceux d'Orléans faits de morceaux rouges et blancs : « Pour deux aulnes et demie de cendal blanc et vermeil à faire des labeaux ». *Menetrier*.

Philippe de France, Duc d'Orléans et de Valois, était second fils du Roy Philippe de Valois. Il combattit à Poitiers avec le Roy Jean, son frère. Il mourut le 3 septembre 1375, sans enfants.

Chandos, le héraut d'armes du Prince Noir, rapporte dans son Poëme sur la Bataille de Poitiers que le Duc d'Orléans commandait l'arrière-garde :

> A donqes appella ce est chose clère,
> Le riche Duc d'Orlians, son frère ·
> Frère, fait-il, si Dieux me garde,
> Vous amesnerez nostre arière-garde.

PLANCHE XXXVI

8. — H.T. van Gasscoven. — Duc de Gascogne.

Porte : *De gueules au Léopard d'or*.

Il ne faut pas confondre la Guyenne ou l'Aquitaine avec la Gascogne, qui n'en est qu'une partie. Le héraut Ghelre place ici ces armes comme une protestation du Droit contre la Force. Alors que le Prince de Galles tient à Bordeaux une Cour splendide, d'un luxe plus grand que de nos jours, le vieux Héraut des Bords du Rhin tient compte de la résistance de quelques-uns : il sait et il a vu qu' « entre la Garonne, l'Océan et les Pyrénées », les Landes, la Chalosse, le Marsan, le Bearn, le Cominges, une partie du Bourdelois, veulent relever du Roy de France, et que les seigneurs de ce pays, Labret, Armagnac, Carmaing, Cominges, combattent dans les rangs français. Ghelre, en vertu de son droit de héraut, figure donc ici un Duc de Gascogne et constate un fait, c'est que les Barons de Gascogne marchent sous la bannière de France, regardent le Roy de France comme leur souverain, et nous les voyons, en effet, plus loin à leur rang. Cette situation critique des Barons de Gascogne a causé plus d'une erreur historique. Les Anglais n'admettent pas qu'il eut un Duc de Gascogne portant *le Léopard d'or*, quand ils possédaient la Guyenne. Cette résistance des Barons de Gascogne n'a pas été assez remarquée : obligés d'exagérer leur nombre, pris entre deux feux, écrasés par les bandes anglaises, pleins d'esprit et de fougue, se multipliant à force de bravoure, ils en appelèrent sans cesse à la France contre l'Anglais, c'est de ce sentiment magnifique qu'en venu le mot de Gasconnade ; c'est de leur amour pour la patrie française qu'est venue leur sobriquet sublime dont on ne leur a pas assez tenu compte à travers les larmes des invasions.

hr̄
vā
gallco
vcy

g̃vā

ar
toys

9. G. VAN ARTOYS. — COMTE D'ARTHOIS.

Porte : *D'azur semé de fleurs de lys d'or au lambel de gueules chastelé de neuf pièces d'or*, c'est-à-dire *chargé de neuf châteaux d'or, trois sur chaque pente, en pal l'un sur l'autre..* — Le heaume d'argent de profil, la chappe et le volet de... retroussé de gueules, et pour cimier un oiseau becqué et membré de sinople entre deux aîles d'or.

C'est Jean d'Arthois, Comte d'Eu, fils de Robert d'Arthois et de Jeanne de Valois ; prisonnier à la bataille de Poitiers. Ce prince, mieux conseillé que son père, resta fidèle à la France. Il épousa Isabel de Melun veuve de Pierre Comte de Dreux et fille de Jean de Melun. comte de Tancarville, dont il eut Philippe d'Arthois Comte d'Eu, qui fut cause du désastre de Nicopolis.

PLANCHE XXXVII

Porte : *De gueules à trois pals de vair, au chef d'or.*
— Le heaume d'or, la couronnne de gueules et pour cimier
une tête et col de cygne ou dragon d'argent becqué de gueules,
formant le volet aussi d'argent entre deux aîles de même.

Ce sont les armes pleines de Châtillon-Blois. André Du Chesne,
dans l'Histoire Généalogique de cette Maison nous en a donné les
sceaux gravés dont la figure est moins correcte que le dessin du héraut
Gelre. — Charles de Blois fut un des ôtages pour le Roy Jean : Et sont
ostages, c'est assavoir : Messire Loys conte d'Anjon, messire Jehan comte
de Poitiers, le duc d'Orléans, le duc de Bourbon, le conte de Bloys ou son
frère, le conte d'Alençon ou messire Pierre d'Alençon son frère, le conte
de Saint-Pol, le conte de Harecourt, le conte de Poitiers, le conte de
Valentinoys, le conte de Brenne, le conte de Vaudémont, le conte de Forez,
le viconte de Beaumont, le sire de Couci, le sire de Fienles, le sire de
Preaus, le sire de Saint-Venant, le sire de Garentières, le Dauphin
d'Auvergne, le sire de Hangest, le sire de Montmorency, monsire Guillem
de Craon, monsire Loys de Harecourt, monsire Jehan de Ligny ; ces sont
les prisons (prisonniers) qui furent pris en la bataille de Poitiers, monsire
Phelippe de France, comte d'Eu, le conte de Longueville, le conte de
Pontieu, le conte de Tancarville, le conte de Joigny, le conte de Sanceurre,
le conte de Donmartin, le conte de Ventadour, le conte de Salbruche, le
conte de Auceurres, le conte de Vendosme, le sire de Craon, le sire de
Derval, le mareschal de Deneham, le sire d'Aubigny. 111, 205, *Rymer.*

g̃
vā
bloys

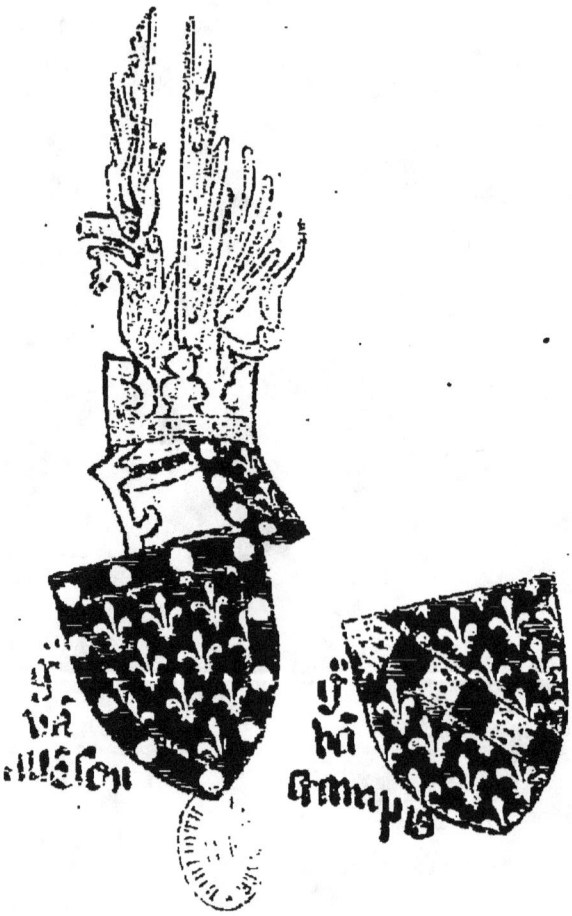

PLANCHE XXXVIII

11. — G. van Allenson. — Comte d'Alençon.

Porte : *D'azur semé de fleurs de lys d'or à la bordure de gueules besantée d'argent.*— Le heaume d'argent,la couronne d'or, le volet armoyé de l'écu, et pour cimier un dragon d'or lampassé de gueules entre deux aîles d'or en forme d'aigrettes.

Pierre II, du nom, Comte d'Alençon, surnommé *le Noble*, fut armé Chevalier, le 26 septembre 1350 et donné en ôtage aux Anglois pour le Roy Jean, en 1360. — *P. Anselme.*

Le duc d'Alençon comme tous les Princes du sang, prit part à la lutte qui refoula les Anglais de nos provinces du centre: « seachent tous que je Alain de Coetlogon escuyer, confesse avoir eu et reçeu d'Estienne Braque, Trésorier des guerres, la somme de 75 livres tournoises, en prest sur les gages de moy, sept autres Escuyers et deux Archers armez de ma Compagnie, desservis et à desservir en ces présentes guerres du Roy nostre Sire sous le gouvernement de monsieur le Comte d'Alençon, Lieutenant du Roy au païs de Normandie deça la rivière de Seine, de laquelle somme je me tiens à bien payé. Donné à Caen, sous mon seel, 27 avril 1371. »

12. — G. van Stampes. — Comte d'Etampes.

Porte : *D'azur semé de fleurs de lys d'or, au bâton componé d'hermines et de gueules.*

Charles IV, *dit le Bel*, par lettres données à Paris au mois de septembre 1327, érigea la baronie d'Etampes en Comté-Pairé , en faveur de

Charles d'Evreux, fils de Louis de France, comte d'Evreux et de Marguerite d'Arthois. Il parait entre les Pairs qui assistèrent au procès de Robert d'Arthois, en 1331. Louis d'Evreux, Comte d'Etampes, son fils, en fit donation entre vifs au mois de novembre 1381, à Louis Ier, Duc d'Anjou, ne s'en réservant que l'usufruit. *P Anselme.*

PLANCHE XXXIX

1. — G. van Dammertein. — Comte de Dammartin.

Porte : *Fascé d'argent et d'azur de six pièces à la bordure de gueules.*

Prisonnier du roy Jean à la bataille de Poitiers.

2. — G. van Boloongen. — Comte de Boulogne.

Porte : *D'or au Gonfanon de gueules frangé de sinople.* — Cimier un cygne.

3. — G. van Harcourt. — Comte de Harcourt.

Porte : *Ecartelé au 1 et 4 de gueules à deux faces d'or ; au 2 et 3 d'azur à trois bandes d'or.* — Cimier, un plumart sortant d'un cornet d'argent.

« Le roy entra en la salle au chastel de Rouen, et vinst en la table de son fils et là *prinst de sa main le comte de Harcourt,* et le Roy de Navarre fist prendre et mettre en prison.

4. — G. van Granpreet. — Comte de Grandpré.

Porte : *Burelé d'or et de gueules de douze pièces.*

On trouve ailleurs *burelé de dix pièces* au lieu de *douze.*

5. — G. VAN PONTIEU. — COMTE DE PONTHIEU.

Porte : *D'or à trois bandes d'azur et une bordure de gueules.*

Prisonnier avec le Roy Jean à la Bataille de Poitiers.

6. G. VAN AUTSHOERNE. — COMTE D'AUXERRE.

Porte : *De gueules à la bande d'or.* — Cimier un bonnet en pyramide recourbé.

« En la compagnie de Monseigneur Bertran de Guesclin se mit le Comte d'Auxerre et son frère le Vert Chevalier, dit la *Chronique de Valois.* Quel est ce frère. Eh mais c'est Hugues qui va venir.

7. — G. VAN GISEN. — COMTE DE GUINES.

Porte : *Vairé d'or et d'azur.*

8. — G. VAN SYMPOL. — COMTE DE SAINT-POL.

Porte : *D'argent au lion de gueules, armé, lampassé et couronné d'or.*

9. — G. VAN GENUEVRE. — COMTE DE GENEVE.

Porte : *Cinq points d'or équipolés à quatre d'azur.*

10. — G. VAN VENDOME. — COMTE DE VENDOME.

Porte : *De gueules au chef d'argent, à un lion d'azur lampassé et couronné d'or brochant sur le tout.*

Le Comte de Vendôme prisonnier à Poitiers.

11. — G. VAN PIREGORT. — COMTE DE PÉRIGORT.

Porte : *De gueules à trois lion d'or.*

Ces Périgord se sont éteints en 1396.

12. — G. VAN BEFOORT. — COMTE DE BEAUFORT.

Porte : *D'argent à la bande d'azur accompagnée de six roses de gueules boutonnées d'or mises en orle.*

13. — G. VAN MONBLIAERT. — COMTE DE MONTBÉLIARD.
Porte : *De gueules à deux bars adossés d'or.*

L'Académie des Inscriptions et Belles-Lettres, sous l'inspiration de l'éminent administrateur de la Bibliothèque nationale, M. Léopold Delisle, et sur l'ordre du Ministère de l'Instruction publique a donné un prix Gobert à un sieur Tuetey pour avoir *démontré* que Montbéliard appartenait aux Allemands.

14. — G. VAN ROSSY. — COMTE DE ROUCY.

Porte : *D'or au lion d'azur armé et lampassé de gueules.*

15. — G. VAN PEUTIERS. — COMTE DE POITIERS.

Porte : *D'azur à sept besans d'argent posés, 3, 3, 1, au chef d'or.*

Les bornes de cette édition sont trop restreintes pour parler de l'illustre maison de Poitiers.

PLANCHE XL

1. H. Betram Claykim. — Sire Bertrand du Guesclin.

Porte : *D'argent à l'aigle à deux têtes éployée de sable becquée et membrée de gueules, au bâton de même en bande.*

Bertrand Du Guesclin, Duc de Molina en Espagne et de Longueville en France, « le preux connétable » qui refoula l'Anglais. Où êtes-vous, défenseurs de la patrie ? Par peur de vous voir vous relever de vos tombes on a jeté, dans un jour de crime, votre cendre à tous les vents !

Nostre-Dame Guesclin ! A la rescousse ! — Il en est temps.

2. — He van Koessi. — Sire de Coussi.

Porte : *Écartelé, au 1 et 4 fascé de vair et de gueules, au 2 et 3 de gueules à la face d'argent.*

Je ne suis Roy ny Prince aussi, — Je suis le Sire de Coucy.

3. — Die Marscale van Oudenem. — Le Maréchal d'Oudenem.

Porte : *Bandé d'argent et d'azur de six pièces, à la bordure de gueules.*

D'Audenham, d'Andreham, Dodienan : le compagnon de Bertran du Guesclin.

4. — DIE MARSCALE VAN SANSORLE. — LE MARÉCHAL DE SANCERRE.

Porte : *D'azur à une bande de Champagne, et un lambel, comme brisure de Sancerre.*

En 1793, la police de la Franc-Maçonnerie, sous le nom de Comité de Salut Public, fit violer les tombes de ces Maréchaux.

5. — HE VAN CLISSON. — SIRE DE CLISSON.

Porte : *De gueules au lion d'argent, armé, couronné et lampassé d'or.*

Se trouve aussi dans notre tome III, parmi les Barons de Bretagne.

6. — BOETSECAUT. — BOUCICAUT.

Porte : *D'argent à l'aigle à deux têtes de gueules becquée et membrée d'azur.*

Jean le Meingre, dit le Maréchal de Boucicaut.

7. — DIE MARSCALE VAN CLERMONT. — LE MARÉCHAL DE CLERMONT.

Porte : *De gueules à deux bars d'or, l'écu semé de trèfles de même.*

Il avait battu les Anglais : donc il fut l'un des deux maréchaux assassinés par Étienne Marcel.

8. — G. VAN DTSAME. — COMTE DE ...

Porte : *D'azur semé de fleurs de lys d'or au sautoir de gueules.*

Je laisse à expliquer ce Chevalier : Les profonds archivistes de l'École de Chartres qui puisent aux sources de l'histoire sous la direction de M. Luce ne peuvent manquer une si belle occasion de prouver leur force. Le triomphe est facile, — avec preuves à l'appui.

9. — G. VAN PEUTIERS. — COMTE DE POITIERS.

Porte : *D'azur à six besans d'argent posés* 3, 2, 1, *ou en orle, au chef d'or.*

C'est une brisure du précédent planche XXXI.

10. — G. VAN TUWART. — COMTE DE THOUARS.

Porte : *D'or semé de fleurs de lys d'argent au franc canton de gueules.*

Se trouve aux quartiers du Duc et Prince de la Trémoille, qui en porte le nom.

11. — HE VAN VILLIERS. — SIRE DE VILLARS.

Porte : *Bandé d'or et de gueules de six pièces.*

Voyez son puiné planche XLIII.

12. — DIE AMIRAL. — L'AMIRAL.

Porte : *De gueules à l'aigle d'or chargée sur la poitrine d'une coquille de sable.*

Sa descente en Angleterre est trop oubliée.

13. — H. HUGE V. CHAUSTELYON. — SIRE HUGUE DE CHASTILLON.

Porte : *De gueules à trois pals de vair, au chef d'or chargé merlette de sable au franc canton.*

14. — Visconte de Thoreyna. — Vicomte de Touraine.

Porte : *Ecartelé au 1 et 4 d'argent à la bande d'azur et six roses de gueules en orle ; au 2 et 3 coticé de gueules et d'or et de huit pièces.*

15. — G. van Cissoen. — Comte de Soissons.

Porte : *D'or au léopard lionné de gueules, à la bordure de gueules pour brisure.*

5. — DIE HE V. TSOERNIGE. — LE SIRE DE CHARNI.

Porte : *De gueules à trois écussons d'argent.* — Cimier, deux cornes.

Etait Porte-Oriflamme, en 1356.

6. — BLENVILLE. — BLAINVILLE.

Porte : *D'azur à la croix d'argent cantonnée de vingt croisettes recroisetées d'or.*

C'est le Maréchal de Blainville.

7. — DIE CASTELEYN V. BEVAYS. — LE CHATELAIN DE BEAUVAIS.

Porte : *D'argent à la croix de sable chargée de cinq coquilles d'or.*

8. — DIE MARSCALC V. BERGONDIEN. — LE MARÉCHAL DE BOURGOGNE.

Porte : *De gueules au l on d'or.* — Cimier le lion.

9. — DIE HE VAN VILGERVALE. — LE SIEUR DE VILLERVAL.

Porte : *Vairé d'argent et de gueules.*—Cimier, deux cornes.

10. — DIE HE VAN MUREUL. — LE SIRE DE MOREUIL.

Porte : *D'azur semé de fleurs de lys d'or, au demi-lion d'argent.*

11. — DIE HE VAN SAVIGI. — LE SIEUR DE SAVIGNI.

PLANCHE XLI

1. — HER HUGUE V. CHALON. — SIRE HUGUE DE CHALON.

Porte : *De gueules à la bande d'or, chargée d'une molette d'azur au franc canton.* — Cimier, deux longues oreilles.

Le frère du Comte d'Auxerre : le Vert Chevalier.

2. — HE D. RIVIEREN. — SIRE DE LA RIVIÈRE.

Porte : *De sable à la bande d'argent.* — Cimier, deux longues oreilles.

Sans postérité.

3. — G. VAN DANPIER. — COMTE DE DAMPIERRE.

Porte : *De gueules à trois pals de vair, au chef d'or chargé de deux lions affrontés de sable.*

Hugues de Chatillon, comte de Dampierre.

4. — BOUDIIN DAENKIIN. — SIRE BAUDOUIN D'ANNEQUIN.

Porte : *Ecartelé d'or et de sable à un baston engreslé de gueules, brochant.* — Cimier, tête et col de cygne.

Fut maître des Arbalétriers

Porte : *D'argent à une face de cinq fusées et deux demies de gueules, au lambel de sable.*

12. — G. VAN PORCIEN. — COMTE DE PORCIEN.

Porte : *De gueules à trois pals de vair, au chef d'or chargé d'un lionceau de sable.*

Brisure de Châtillon.

13. — DIE HE VAN D'BAME. — LE SIEUR DE LA BAUME.

Porte : *D'or à une vivre en bande d'azur.*

14. — DIE HE VAN BEAYO. — LE SIRE DE BEAUJEU.

Porte : *D'or au lion de sable, au lambel de trois pendants.*

Se trouve aux Galeries de Versailles,

15. — . . . . . . — [LA TREMOÏLLE].

Porte : *Ecartelé au 1 et 4 d'or au chevron de gueules accompagné de trois aigles d'azur déployées, membrées et becquées de gueules en deux chef, une en pointe ; au 2 et 3 d'argent à l'aigle à deux testes de gueules.*

« Le Vaillant Chevalier » Guy VI de la Trémoïlle, Garde de l'Oriflamme de France, grand chambellan héréditaire de Bourgogne, épousa Marie de Sully, l'héritière de Craon. Marie de Sully, à la mort de Guy de la Trimoyl, prit une nouvelle alliance avec Charles d'Albret, connétable de France dont l'arrière petite-fille Jeanne d'Albret fut mère de Henry IV. Les La Trémoille ont donc l'honneur d'avoir une aïeule commune avec le chef de la dynastie des Bourbons.

PLANCHE XLII

1. — H. Otten van Granson. — Sire Otto de Granson.

Porte : *Pallé d'argent et d'azur de six pièces, à la bande de gueules chargée de trois coquilles d'or.*

2. — He Goerdisar de la Zale. — Sire Godisart de la Salle.

Porte : *Ecartelé au 1 et 4 de sable à trois croix pattées d'or 2, 1; au 2 et 3 d'argent à trois tourteaux d'azur.* — Cimier, un bust de Reine.

3. — Die He v. Angelure. — Le Sieur d'Anglure.

Porte : *D'or à pièces enlevées à angle de gueules, accostant des grelots d'argent, dont l'écu est semé.* — Cimier un demi-héron.

Les Savants officiels ont tellement ergoté sur les armes d'Anglure qu'il serait trop long d'en parler ici.

4. — H. Willem Boutcaut. — Sire Guillaume Boutcaut.

Porte : *De sable à trois besans d'or, le premier chargé d'une étoile.*

J'attendrai que les voleurs se soient aplâti le nez sur ce blason pour dire ce que c'est. Allons, Messieurs, casse-cou !

5. — DIE HE VAN CLARI. — LE SIEUR DE CLARI.

Porte : *D'argent à la face d'azur.*

6. — DIE HE NOVILE. — LE SIEUR DE NEUVILLE.

Porte : *D'or fretté de gueules.* — Cimier, demi-griffon.

On le trouve dans les Compagnies de Du Guesclin.

7. — DIE HE VAN TORNEBU. — LE SIRE DE TOURNEBU.

Porte : *D'argent à la bande d'azur.*

Monsieur Luce, Membre de l'Institut de France, appelle ce Chevalier « un nommé Tournebu ». Monsieur Léopold Delisle, d'après de La Rue, et en sa qualité de Normand, le salue jusqu'à terre : c'est « baron de Tournebu. »

8. — H. HUGE DOUFIIN. — SIRE HUGUE DAUPHIN.

Porte : *Ecartelé au 1 et 4 d'or, au Dauphin pamé d'azur, oreillé de gueules ; au 2 et 3 de gueules à 3 faces de vair.* — Cimier, un dauphin de l'écu.

9. — DIE HE VAN CORTOEN. — LE SIEUR DE CURTON.

Porte : *Lozangé d'argent et de gueules.* — Cimier, un janissaire du XIVe siècle.

10. — H. JAN V. POUKIR. — SIRE JEAN DE POQUIÈRES.

Porte : *D'argent à cinq fusées et deux demies de gueules.* — Cimier, deux aîles.

11. — DIE HE VAN VILERS. — LE SIRE DE VILLIERS.

Porte : *Fascé d'argent et d'azur de six pièces.*

12. — DIE HE TOUTEVILLE. — LE SIRE D'ESTOUVILLE.

Porte : *Burelé d'argent et de gueules au lion de sable brochant.*

On connait la légende des armes de Touteville ou Estouteville sans que nous ayons besoin de la rappeler.

13. — H. PIER DE... O... R...

Porte : *D'azur au chef pallé d'or et de gueules de six pièces.* — Cimier, une tête d'aigle entre un vol.

Ceux qui sont en train de me voler et reproduisent déjà mes planches déposées à la Bibliothèque nationale, à Paris, auront la bonté d'éplucher celui-ci.

14. — DIE HE. . . . — PRESSIGNY.

Porte : *D'or et d'azur, facé contre-facé, pallé contre-pallé et les cantons contre-gironnés, à un écusson d'argent sur le tout.*

L'Armorial des Croisades entre autres, a mal blasonné ces armoiries.

15. DIE HE VAN GENVILLE. — LE SIRE DE GENVELLE.

Porte : *D'azur à trois broyes d'or, au chef d'hermines, à un demi-lion issant de gueules.*

C'est Joinville.

PLANCHE XLIII

1. — HE VAN ODEN . — . . . .

Porte : *De gueules à trois besans d'or.*

Je n'ai pas eu le temps de me décider à dire quel est ce Chevalier.

2. — H. JAN DIE BLASY. — SIRE JEAN DE BLAZY.

Porte : *D'or à une fasce de sable, chargée d'une croix recroisetée au pied fiché d'or et accompagnée de six coquilles de sable posées en orle.* — Cimier, coquille entre un vol.

3. — H. HU DE BELCY. — SIRE HUGUES DE BELSY.

Porte : *D'azur billeté d'or, au lion de même, armé et lampassé de gueules.*

4. — DIE HE VAN FAERTE. — LE SIEUR DE LA FERTÉ.

Porte : *D'or écartelé d'azur.*

5. — DIE HE VAN VIRGI. — LE SIRE DE VERGY.

Porte : *De gueules à trois quintes feuilles percées d'or deux et une.*

On connaît le cry d'armes de cette illustre maison : Vergy à Nostre-D ame !

6. — .AVAGE DE .ILEERS. — SAUVAGE DE VILLIERS.

Porte: *Fasce de six pièces d'argent et d'azur, au lambel de trois pendants de gueules.* — Cimier, une tête de coq. ·

7. — DYE HE VAN HAENGEST. — LE SIRE DE HANGEST.

Porte: *D'or à la croix de gueules.* — Cimier, une tête de chien.

La généalogie est dans le Père Anselme.

8. — H. IACOB VAN VIANE. — SIRE JACQUES DE VIENNE.

Porte: *De gueule à l'aigle d'or.* — Cimier, un more.

La devise : Tôt ou tard vienne.

9. — H. GALOES VAN RENTY. — SIRE GALLOIS DE RENTY.

Porte: *D'argent à trois douloirs de gueules, les deux du chef adossées, à un bâton ou filet d'or en bande.*

Croy-Renty: Nous espérons bien, plus tard, donner la généalogie de · cette illustre maison.

10. — HE WILLEM DE SANBORANT. — SIRE GUILLAUME DE CHAMBORANT.

Porte : *Ecartelé au 1 et 4 d'or au lion de sable, lampassé d'or chargé sur l'épaule d'une croisette d'argent ; au 2 et 3 d'hermines au chevron de gueules chargé de trois étoiles d'or.*

11. — HER WILLEM V. LA TRIMOYL. — SIRE GUILLAUME DE LA TREMOILLE.

Porte : *D'or au chevron de gueules, accompagné de trois*

aigles d'azur becquées et membrées de gueules. — Cimier une tête et col d'aigle becquée d'or et membrée de gueules.

C'est le pnîné de Guy VI qui se trouve à la planche XLI ci-avant.

12. — HE WILLEM. . . — SIRE GUILLAUME . . .

Porte : *D'or à trois marteaux de gueules.*

13. — HER JACOP ... — SIRE JACQUES.

Porte : *De gueules à deux faces d'or.*

14. — DIE HE VAN SYMPY. — LE SIRE DE SEMPY.

Porte : *D'argent à un lion de sable, la queue forchue armé et lampassé de gueules, chargé sur l'épaule d'un écusson de sable à la bande d'argent accompagnée de six billettes d'or et une bordure de gueules.*

Un des défenseurs de Paris contre les Anglo-Navarrois.

15. — DIE HE VAN HEC... — LE SIEUR DE ...

Porte : *D'or à une croix resercelée de sable au franc quartier de sinople.*

Cherchez, savants à brevets, cherchez !

PLANCHE XLIV

1. — H.RT VAN BAREN. — DUC DE BAR.

Porte : *D'azur à deux bars d'or adossés.*

Le Duc de Bar se trouve à la planche première pour les terres qu'il possédoit en l'Empire.

2. — DIE G. VAN RETEERTT. — LE COMTE DE RETHEL.

Porte : *De gueules à deux rateaux d'or l'un sur l'autre.*

On trouve quelquefois trois rateaux.

3. — DIE G. VAN VENDOEM. — LE COMTE DE VENDOME.

Porte : *D'argent au chef de gueules au lion d'azur brochant sur le tout.*

Se trouve dans Grunenberg aux écartelures de Bourbon-Vendôme.

4. — DIE HE VAN PONT. — LE SIRE DE PONT.

Porte : *De gueules à la face d'argent surmontée de trois maillets de même rangés.*

5. — DYE HE VAN ROESSFORT. — LE SIRE DE ROCHEFORT.

Porte : *D'or à l'aigle de gueules , becquée et membrée d'azur; écartelé d'azur plein.* — Cimier, une tête d'aigle.

6. — DYE HE VAN HOBENGI. — LE SIRE D'AUBIGNY.

Porte : *D'or à l'aigle de gueules chargée de trois besans d'or.*

C'était un partisan du Roy de Navarre.

7. — DYE HE VAN RUBIMONT. — LE SIRE DE RIBEMONT.

Porte : *De gueules fretté d'or au franc quartier d'or au lion léopardé de sable, armé et lampassé de gueules.*

Il lutta personnellement contre le Roy Édouard III.

8. — DYE HE VAN AGIMONT. — LE SIRE D'AGIMONT.

Porte : *Burelé d'or et de gueules de six pièces.* — Cimier, une tourte ou tourteau.

Il était de la maison de Looz.

9. — DIE HE VAN AVELUIIN. — L SIRE D'AVELIN.

Porte : *Burelé d'argent et d'azur de douze pièces.* — Cimier, deux pattes de lion.

10. — DIE G. VAN NELE. — LE COMTE DE NEELE.

Porte : *De gueules semé de trèfles d'or à deux bards adossés de même.* — Cimier, un plumail de sable.

11. — : . . . . — . . . .

Porte : *D'azur à trois annelets d'argent, deux et un.*

Le nom et le cimier ont été effacés, et j'avais envie de laisser dans la nuit une vieille famille de Chevaliers Normands. Mais. bast, je ne veux pas déplaire à l'Académie Française et je lui montre ici un des siens : Sainte-Beuve.

12. — Die He van Baqvile.— Le Sire de Bacquevilll.

Porte : *D'argent à trois marteaux de gueules.*

C'est un Normand comme Sainte-Beuve.

13. — Die He van Monchiaus. — Le Sire de Monchiaux.

Porte : *D'argent à une bande de fusées de gueules.*

Ah ! vous voulez savoir ce que c'est que Monceaux. savants philologues, amateurs d'Inscriptions et Belles-Lettres ? Eh bien, je vais vous le dire : « Monceaux ! Monceaux ! Chateau marqué par cassini sur la paroisse et au sud de Saint-Christophe, arrondissement de Laval, Mayenne. *Luce*, p. 582. » Hein ! Est-il fort, ce M. Luce ?

14. — . . . . . — . . . . . .

Porte : *Gironné de gueules et de vair de gouze pièces.* — Cimier, un lion.

15. — H. Cetri. — Sire Cltri.

Porte : *De gueules à la bande d'argent, à un lambel d'or à trois pendants brochant sur la bande.*

« Un des meilleurs du royaume de France, attaché à la personne du duc d'Anjou !

PLANCHE XLV

1. — Die G. .an Namen. — Le Comte de Namur.

Porte : *D'or au lion de sable, armé, lampassé et couronné de gueules, brisé d'un bâton de même brochant.*

L'aîné des fils de Jean de Flandres, comte de Namur.

2. — Her Rubrecht van Namen. — Sire Robert de Namur.

Porte, comme le précédent, *brisé d'un bâton engreslé.*

C'est à lui que Froissart a dédié le Premier Livre de ses Chroniques.

3. — H. Lodewiich van Namen. — Sire Louis de Namur.

Porte : comme le n° 1, avec un cimier différent.

4. — H. Hen. van Vlanderen. — Sire Henri de Flandres.

Porte, comme ci-dessus, *brisé d'un bâton componé d'argent et de gueules.*

5. — Die He van Rielgen. — Le Sire de Rielgen.

Porte : *D'argent au lion de sable et lampassé de gueules.*

6. — HE JAN VAN ROYE. — SIRE JEAN DE ROYE.

Porte : *De gueules à la bande d'argent.* — Cimier, une tête de sanglier.

7. — DIE HE VAN SEVENANT. — LE SIRE DE S. VENANT.

Porte : *D'azur à l'écu d'argent en abyme, au lambel de gueules brochant.*

8. — DIE G. VAN MONBLIART. — LE COMTE DE MONT-BÉLIART.

Porte : *De gueules à deux bars d'or adossés au lambel d'azur brochant.*   Cimier, un bust de Reine.

Il est déjà ci-avant. Demandez à Léopold Delisle, à Luce et à Tuetey, ce que fait ici ce Montbéliard ; ils ne sont pas capables de vous le dire.

9. — DIE HE VAN PENKENGI. — LE SIRE DE PECQUIGNY.

Porte : *Fascé d'hermine et d'azur de six pièces à la bordure de gueules.*

C'était une des créatures de Charles le Mauvais.

10. — DIE HE VAN POES. — LE SIRE DE POIS.

Porte : *D'argent à la croix de gueules frettée de...*

11. — DYE HE VAN LAGRUILLER. — LE SIRE DE LA

Porte : *D'or à un fer de moulin de gueules.*

12. — DIE HE ... — LE SIEUR [DE CLISSON].

25

Porte : *De gueules au lion d'argent couronné d'or.*

Pourquoi est-il effacé ?

13. — DIE HE VAN DOSII. — LE SIRE D'OISY.

Porte : *D'argent au croissant de gueules.*

14. — HER MAL. — SIRE MAL...

Porte : *Vairé d'argent et de sable à la bande de gueules.*

15. — PIER DE LA... — PIERRE DE LA ...

Porte : *D'or à trois fusées de sable, mises en fasce.*

Je trouve les traces de son frère et non les siennes.

die
p
rau

wil
lem put

he
miet
maillij

vier
bleeus

H u
bnekis

he
va
tvienge

he
bene

y
n

li
v
oye

li
ardon

he
feu

die he va
va
let

li
v
veriy

z vu
ik

dieht
va
von

tirub
br
dp v van

PLANCHE XLVI

1. — . . . . . . — . . . .

Porte : *D'or à la croix de sable chargé de cinq coquilles d'argent.*

2. — H. WILLEM POT. — SIRE GUILLAUME POT.

Porte : *D'or à la face d'azur à la bordure de gueules.* — Cimier, un Pot.

Se trouvera aussi dans le quatrième volume. C'est Pot-de-Rhodes.

3. DIE HE VAN MAELGI. — LE SIRE DE MAILLY.

Porte : *D'or à trois maillets de sinople.*

Une des plus illustres Maisons du Beauvaisis.

4. — H. PIER DE VILEERS. — SIRE PIERRE DE VILLERS.

Porte : *D'azur au chef d'or chargé d'un dextrochère d'hermines, à un gonfanon pendant le même bras, la main d'argent.*

C'est Villiers de l'Isle-Adam, le brave compagnon de Du Guesclin, qui attendent encore leur statue quand on en dresse aux assassins.

5. — H. HUTIN DE VMELIS.— SIRE HUTIN DE VERMEILLES.

Porte : *D'argent à un lion de sinople, armé et lampasse de gueules.*

Nommé partout *le Chevalier au Vert Lion* parce que les lions de sinople sont rares en armoiries.

6. — HE VAN TORUGE... — SIRE DE TORIGNY.

Porte : *D'argent au croissant de gueules au lambel d'azur.*

C'est Hervé de Mauny, Sire de Thorigny, qui épousa la sœur de Du Guesclin.

7. — DIE HE VAN RENNEVAEL. — LE SIRE DE REYNEVAL.

Porte: *D'or à la croix de sable chargée de cinq coquilles d'argent.* — Cimier, tête de griffon.

Voyez Hay du Châtelet.

8. — H. REYNOLT VAN ROYE. — SIRE REGNAULT DE ROYE

Porte : *De gueules à la bande d'argent, au lambel d'azur de trois pendants.*

9 — HE VAN CRAEN. — SIRE DE CRAON.

Porte: *Lozangé d'or et de gueules.*

Le Sire de Craon était à la bataille de Poitiers. — Pierre de Craon est au Tome IV.

10. — DIE HE VAN FENON. — LE SIRE D'OFFEMONT.

Porte : *De gueules à deux bars adossés, l'écu semé de trèfles de même les bars.*

On l'écrit aussi d'Aufemont.

11. — DIE HE VAN BARLETTE. — LE SIRE DE BERLETTE.

Porte : *Gironné d'argent et de gueules.*

12. — H. DE VINAY. — SIRE DE VINAY.

Porte : *De gueules à la tour et l'avant mur d'argent.*
C'est La Tour de Vinay.

13. — G. VAN LILE. — COMTE DE L'ISLE.

Porte : *De gueules à la croix de Toulouse d'or, à la
bordure d'argent.*

Ce cher M. Léopold Delisle s'est crevé les yeux dans son *Histoire de
Saint-Sauveur* pour trouver un Jean de Lisle en Normandie ! Quel
dommage qu'il n'est pas héraldiste ? — Je lui mettrai sous le nez son Jean
de Lisle, quand il voudra : il y en a quatre.

14. — DIE HE VAN... — LE SIEUR DE

Porte : *De sinople à trois pals de vair, au chef d'or
chargé d'un lambel de gueules.*

15.

PLANCHE XLVII

1. — H. Begge van Vileynis. — Sire Begue de Vilaines.

Porte : *D'argent à trois lionceaux de sable, au franc quartier écartelé de Castille et Léon.*

Le compagnon renommé de Bertrand Du Guesclin, en Espagne.

2. — Die He van Matyau. — Le Sire de Matieu.

Porte : *Bandé d'or et d'azur de six pièces à la bordure de gueules au franc canton d'hermines brochant.*

4. — Die He van Maluun. — Le Sire de Melun.

Porte : *D'or à deux faces d'azur, à l'orle de merlettes de gueules.*

3. — Die He van Hambie. — Le Sire de Hambie.

Porte : *D'azur à sept besans d'or, au chef d'or chargé à dextre d'une couronne d'azur.*

5. — Die He van Galis. — Le Sire de Galis.

Porte : *D'or au chef de gueules.*

6. — DIE HE VAN PANGY. — LE SIRE DE PAGNY.

Porte: *De gueules à l'aigle à deux têtes d'or.*

M. Kervyn a découvert: le Sire de Pagny.

7. — DIE HE VAN ... — LE SIRE DE

Porte: *D'argent au lion de sable, l'écu semé de croisettes recroisetées au pied fiché de sable.*

8. — H. HUTIN DE MONT. — SIRE HUTIN D'AUMONT.

Porte: *D'argent au chevron de gueules, advironné de neuf merlettes de gueules.*

9. — DYE HE VAN CRUELY. — LE SIRE DE CREULY.

Porte: *D'argent à trois lionceaux de gueules, 2, 1.*

10. — DYE HE VAN NOYELE. — LE SIRE DE NOYELLES.

Porte: *De gueules à trois faces d'argent.*

11. — DIE HE VAN VYDAME DE CHAERTERS. — LE VIDAME DE CHARTRES.

Porte: *D'or à deux faces de sable, à l'orle de merlettes*

Les savants qui forment l'Académie des Inscriptions à l'Institut de France, flanqués d'un tas d'archivistes-paléographes sortis de l'Ecole des Chartes n'ont jamais pu déterminer ce que c'était que le Vidame de Chartres, ni à quelle famille il appartenait. On a parlé aussi de Nicolas de Chartres; les rodomonts se sont parés des *Olim :* que de restitutions! Et des Inventaires! Et des Préfaces! Mais qu'est-ce que Nicolas de Chartres et tous les de Chartres? Ils n'en soufflent pas un mot.

12. — DIE HE VAN MARUEL. — LE SIRE DE MAREUL.

Porte : *De gueules au chef d'argent, au lion d'azur ; écartelé d'argent à trois faces ondées de gueules.*

13. — VICTE DE MEEUS. — VICOMTE DE MEAUX.

Porte : *D'argent à la face de gueules, écartelé fascé de vair et de gueules de six pièces.*

Robert de Béthune, vicomte de Meaux « gentils chevaliers pikars. » — *Kervyn.*

14. — DIE HE VAN CESCENARE. — LE SIRE DE SASSENAGE.

Porte : *Burelé d'argent et d'azur de douze pièces au lion de gueules.*

15. — H. JAN VAN ROYE. — SIRE JEAN DE ROYE.

Porte : *De gueules à la bende d'argent.*

Ce sont les armes pleines,

PLANCHE XLVIII

1. — DIE HE VAN HILLY. — LE SIRE DE HAILLI.

Porte : *De gueules à cinq fusées en bande.*

2. — HER HUE DE MULLUUM. — SIRE HUGUES DE MELUN.

Porte : *Ecartelé au 1 au 4 d'azur à neuf besans d'or au chef d'or chargé d'une merlette de sable ; au 2 et 3 de de gueules au lion d'or.*

Epousa Isabelle de Ghistelles.

3. — DIE HE VAN AVELIN. — LE SIRE D'AVELIN.

Porte : *Burelé d'argent et d'azur à 3 lionceaux de gueules 2 et 1.*

4. — DIE HE VAN D'HOESEN. — LE SIRE DE LA HEUSE.

Porte : *Ecartelé au 1 et 4 d'or à trois heuses de sable ; au 2 et 3 pallé de six pièces d'or et d'azur, au chef de gueules chargé de trois molettes d'argent.*

Se trouve dans tous les Armoriaux.

5. — DIE HE VAN MORNAY. — LE SIRE DE MORNAY.

26

Porte : *Burelé d'argent et de gueules, au lion brochant.*

6. — DIE HE VAN TOUTEVILLE.— LE SIRE D'ESTOUTEVILLE.

Porte : *Burelé d'argent et de gueules au lion de sable brochant.*

Se trouve déjà sur une planche précédente.

7. — HE PHILIPS V. SAVOISY. — SIRE PHILIPPE DE SAVOISY.

Porte : *Chevronné d'or et de gueules de six pièces, à la bordure componée d'azur et d'argent.*

Père de Charles qui voulut faire une descente en Angleterre. Il faut lire *le Victorial* publié par MM. de Circourt et de Puymaigre.

8. — DYE HE VAN MUELLAEN. — LE SIRE DE MEULAN.

Porte : *Echiqueté de gueules et d'or.*

9. — DIE HE VAN VILIERS. — LE SIRE DE VILLIERS.

Porte : *D'argent à la bande d'azur chargée au franc canton d'une molette d'or.*

10. — DIE HE V. WAVERIIN. — LE SIRE DE WAVRIN.

Porte : *D'azur à l'écusson d'argent.*

Jean de Wavrin, sieur de St-Venant.

11. — DIE HE TURPIIN. — LE SIRE DE TURPIN.

Porte : *Lozangé d'argent et de gueules.*

12. — HE VAN HUGGEVILLE. — SIRE DE HUGUEVILLE.

Porte: *D'argent à la croix de gueules chargée de cinq coquilles d'or et une merlette de gueules au franc-canton.*

13. — DIE HE V. CREWEKEUR. — LE SIRE DE CREVECOEUR.

Porte : *Chevronné d'or et de gueules.*

Famille éteinte.

14. — DIE HE VAN CUN. — LE SIRE DE CUN.

Porte : *Fascé de gueules et de vair de six pièces.*

15. — HE LOHIER VAN TRYE. — SIRE LOHIER DE TRIE.

Porte : *D'or à une bande d'azur, à trois anneaux d'argent sur la bande.*

C'est un ami d'Etienne Marcel, un des compagnons du Roy de Navarre contre les Jacques.

PLANCHE XLIX

1. — DIE HE VAN DOUSI. — LE SIRE D'OUSI.

Porte : *Echiqueté de gueules et d'or de cinq tires.*
Meullan, ci-dessus à six tires.

2. — DIE HE VAN BOVILE. — LE SIRE DE BOUVILE.

Porte : *D'argent à la face de gueules chargée de trois annelets d'or.*

3. — DIE HE V. GARENCIÈRES. — LE SIRE DE GARENCHIÈRES.

Porte : *De gueules à trois chevrons d'or.*

Un des ôtages au roy d'Angleterre pour le roy Jean.

4. — VIS.O.TE DE BERTUEL. — VICOMTE DE BERTŒUIL.

Porte : *Ecartelé au 1 et 4 d'argent au sautoir de gueules advironné de quatre merlettes de même ; au 2 et 3 d'azur semé de fleurs de lys d'or au demy-lion d'argent issant.*

Un *u* pour un *o*, le voyez-vous philologues.

5. — H. WIFROY V. KAMES. — SIRE GEOFROY DES KEMES.

Porte : *D'or au lion d'azur, a. l. et couronné de gueules.*

6. — H. WILLEM BO..CAUT. — SIRE GUILLAUME BOUTCAUT.

Porte : *De sable à trois besans d'or, le premier chargé d'une étoile d'argent.*

Se trouve déjà cy avant. — Kervyn l'a pris pour Boucicaut !

7. — DIE HL VAN GRANDIOEL. — LE SIRE DE GRANDIOL.

Porte : *Ecartelé, au 1 et 4, contre écartelé d'or et de gueules, au 2 et 3 d'argent à deux faces de gueules.*

8. — DIE KEMLING V. TANCKERVILE. — LE CHAMBELLAN DE TANCARVILLE.

Porte : *D'azur à neuf besans d'or au chef chargé d'une merlette de sable ; écartelé de gueules à l'écusson d'argent et un orle d'angemnes d'or.*

C'est Melun-Tarncarville.

9. — H. WILLEM DES BORDES. — SIRE GUILLAUME DES BORDES.

Porte : *Ecartelé au 1 et 4 de gueules à trois molettes d'or au 2 et 3 de sable à la bande d'argent.*

10. — DIE HE V. KARAKAS. — LE SIRE DE CRESEQUES.

Porte : *De sable à trois jumelles jumellées d'or de face, et le chef d'or.*

11. DIE HE V. PEY.EL. — LE SIRE DE PAYNEL.

Porte : *D'or à deux faces d'azur, à l'orle de merlettes de même.*

Voyez argentré.

12. — HE JAN VAN D'ROEESEN. — SIRE JEAN DE LA ROCHE.

Porte : *De gueules à trois faces ondées d'argent à la bordure d'azur.*

13. — DIE MARSCALE V. NOORMANDIEN. — LE MARÉCHAL
DE NORMANDIE.

Porte : *Ecartelé, au 1 et 4 d'argent à l'aigle de gueules, au 2 et 3 de sable au lion d'argent.*

14. — H. WILLEM BOTTELGIER. — SIRE GUILLAUME LE
BOUTEILLIER.

Porte : *Ecartelé d'or et de gueules au lambel d'azur de trois pendants.*

15 — HER WILLEM TORNEBU. — SIRE GUILLAUME TOURNEBU

Porte : *D'argent à la bande d'azur à l'orle de six billettes de gueules.*

Le Sire de Tournebu était au Parlement de Normandie, en 1356.

PLANCHE L

1. — DIE HE VAN VERVIN. — LE SIRE DE VERVINS.

Porte : *Fascé de vair et de gueules de six pièces, au filet d'or en bande.*

Brisure de Coucy.

2. — H. WILLEM V. NELRAC. — SIRE GUILLAUME DE NELYAC

Porte : *D'azur à deux léopards d'argent.*

3. — DIE BISSCOP V. BEVAYS. — L'ÉVÊQUE DE BEAUVAIS.

Porte : *Ecartelé au 1 et 4 d'or à la croix de gueules cantonnée de 4 chefs de même ; au 2 et 3 d'azur à trois têtes de léopards d'or, lampassés de gueules.*

4. DIE HE V. BRIMUE. — LE SIRE DE BRIMEU.

Porte : *D'argent à trois aigles de gueules membrés et becqués d'azur.*

5. DIE HE VAN VILAERS. — LE SIRE DE VILLARS.

Porte : *Bandé d'or et de gueules de six pièces.*

6. He Alaen de la Hozaye. — Sire Alain de la Houzaye.

Porte : *Echiqueté d'or et d'azur.*

7. — Die he van Fere. — Le Sire de Fère.

Porte : *Ecartelé au 1 et 4 de gueules à trois pals de vair, au chef d'or chargé d'un lionceau de sable : au 2 et 3 d'or à la bande de gueules à trois alerions d'argent sur la bande.*

8. — H. Willem Pot. — Sire Guillaume Pot.

Porte : *D'or à la face d'azur chargée d'un pot d'argent.*

Voyez ci-dessus un autre Guillaume Pot.

9. — H. He v. Cortzipe. — Sire Henri de Cortzipe.

Porte : *D'azur billeté d'or ; au lion de même ; écartelé party d'argent et de gueules.*

10. — Her Ritzaert Doufin. — Sire Richard Dauphin.

Porte : *D'or au dauphin pamé d'azur.*

Il y en a qui lisent : Guichard.

11. — Die He van Reye. — Le Sire de Reye.

Porte : *De gueules à un escarboucle d'or.*

Famille issue de Clèves.

12. — Die He v. Rinako... — Le Sire de Rinas...

Porte : *D'azur à une aigle d'or chargée d'une étoile de sable.*

13. — Die He van Vendome. — Le Sire de Vendome.

Porte: *De gueules au chef d'argent, au lion d'azur.*

Ce sont les armes pleines. Il y a déjà ci-avant deux Vendôme.

14. — Die He van Dapsier. — Le Sire d'Apchier.

Porte : *D'or à la tour donjonnée de gueules, ajourée d'azur, flanquée de deux haches d'armes.*

De l'illustre maison de Crussol-d'Uzès.

15. — H. Flotton Daervale. — Sire Fletton de Revel.

Porte : *Fascé d'argent et d'azur de six pièces.*

On trouve aussi *Flote* au lieu de *Floton.*

TABLE

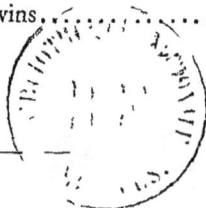

IMPRIMERIE G GIARD ET A SEULIN, RUE DE HESQUES, 1

www.ingramcontent.com/pod-product-compliance
Lightning Source LLC
Chambersburg PA
CBHW072241270326
41930CB00010B/2218